Informatik — Fachberichte

Band 15: Organisation von Rechnerzentren. Workshop der Gesellschaft für Informatik, Göttingen, 1977. Herausgegeben von D. Wall. X, 310 Seiten. 1978.

Band 16: GI–8. Jahrestagung, Proceedings 1978. Herausgegeben von S. Schindler und W. K. Giloi. VI, 394 Seiten. 1978.

Band 17: Bildverarbeitung und Musterkennung. DAGM Symposium, Oberpfaffenhofen, 1978. Herausgegeben von E. Triendl. XIII, 358 Seiten. 1978.

Band 18: Virtuelle Maschinen. Nachbildung und Vervielfachung maschinenorientierter Schnittstellen. GI-Arbeitsseminar. München, 1979. Herausgegeben von H. J. Siegert. X, 230 Seiten. 1979.

Band 19: GI–9. Jahrestagung. Herausgegeben von K. H. Böhling und P. P. Spies. (vergriffen)

Band 20: Angewandte Szenenanalyse. DAGM Symposium, Karlsruhe 1979. Herausgegeben von J. P. Foith. XIII, 362 Seiten. 1979

Band 21: Formale Modelle für Informationssysteme. Fachtagung der GI, Tutzing 1979. Herausgegeben von H. C. Mayr und B. E. Meyer. VI, 265 Seiten. 1979.

Band 22: Kommunikation in verteilten Systemen. Workshop der Gesellschaft für Informatik e. V. Herausgegeben von S. Schindler und J. C. W. Schröder. VIII, 338 Seiten. 1979.

Band 23: K.-H. Hauer, Portable Methodenmonitoren. Dialogsysteme zur Steuerung von Methodenbanken: Softwaretechnischer Aufbau und Effizienzanalyse XI, 209 Seiten. 1980.

Band 24: N. Ryska, S. Herda, Kryptographische Verfahren in der Datenverarbeitung. V, 401 Seiten. 1980.

Band 25: Programmiersprachen und Programmierentwicklung. 6. Fachtagung, Darmstadt, 1980. Herausgegeben von H.-J. Hoffmann. VI, 236 Seiten. 1980.

Band 26: F. Gaffal, Datenverarbeitung im Hochschulbereich der USA. Stand und Entwicklungstendenzen. IX, 199 Seiten. 1980.

Band 27: GI-NTG-Fachtagung, Struktur und Betrieb von Rechensystemen. Kiel, März 1980. Herausgegeben von G. Zimmermann. IX, 286 Seiten. 1980.

Band 28: Online-Systeme im Finanz- und Rechnungswesen. Anwendergespräch, Berlin, April 1980. Herausgegeben von P. Stahlknecht. X, 547 Seiten. 1980.

Band 29: Erzeugung und Analyse von Bildern und Strukturen. DGaO–DAGM-Tagung, Essen, Mai 1980. Herausgegeben von S. J. Pöppl und H. Platzer. VII, 215 Seiten. 1980.

Band 30: Textverarbeitung und Informatik. Fachtagung der GI, Bayreuth, Mai 1980. Herausgegeben von P. R. Wossidlo. VIII, 362 Seiten. 1980.

Band 31: Firmware Engineering. Seminar veranstaltet von der gemeinsamen Fachgruppe „Mikroprogrammierung" des GI-Fachausschusses 3/4 und des NTG-Fachausschusses 6 vom 12.–14. März 1980 in Berlin. Herausgegeben von W. K. Giloi. VII, 289 Seiten 1980.

Band 32: M. Kühn, CAD Arbeitssituation. Untersuchungen zu den Auswirkungen von CAD sowie zur menschengerechten Gestaltung von CAD-Systemen. VII, 215 Seiten. 1980.

Band 33: GI–10. Jahrestagung. Herausgegeben von R. Wilhelm. XV, 563 Seiten. 1980.

Band 34: CAD-Fachgespräch. GI–10. Jahrestagung. Herausgegeben von R. Wilhelm. VI, 184 Seiten. 1980.

Band 35: B. Buchberger, F. Lichtenberger Mathematik für Informatiker I. Die Methode der Mathematik. XI. 315 Seiten. 1980

Band 36: The Use of Formal Specification of Software. Berlin, Juni 1979. Edited by H. K. Berg and W. K. Giloi. V, 388 pages. 1980.

Band 37: Entwicklungstendenzen wissenschaftlicher Rechenzentren. Kolloquium, Göttingen, Juni 1980. Herausgegeben von D. Wall. VII, 163 Seiten. 1980.

Band 38: Datenverarbeitung im Marketing. Herausgegeben von R. Thome. VIII. 377 pages. 1981.

Band 39: Fachtagung Prozeßrechner 1981. München, März 1981. Herausgegeben von R. Baumann. XVI, 476 Seiten. 1981.

Band 40: Kommunikation in verteilten Systemen. Herausgegeben von S. Schindler und J. C. W. Schröder. IX, 459 Seiten. 1981.

Band 41: Messung, Modellierung und Bewertung von Rechensystemen. GI-NTG-Fachtagung. Jülich, Februar 1981. Herausgegeben von B. Mertens. VIII, 368 Seiten. 1981.

Band 42: W. Kilian, Personalinformationssysteme in deutschen Großunternehmen. XV, 352 Seiten. 1981.

Band 43: G. Goos, Werkzeuge der Programmiertechnik. GI-Arbeitstagung. Proceedings, Karlsruhe, März 1981. VI, 262 Seiten. 1981.

Band 44: Organisation informationstechnik-geschützter öffentlicher Verwaltungen. Fachtagung, Speyer, Oktober 1980. Herausgegeben von H. Reinermann, H. Fiedler, K. Grimmer und K. Lenk. 1981.

Band 45: R. Marty, PISA – A Programming System for Interactive Production of Application Software. VII, 297 Seiten. 1981.

Band 46: F. Wolf, Organisation und Betrieb von Rechenzentren. Fachgespräch der GI, Erlangen, März 1981, VII, 244 Seiten. 1981.

Band 47: GWAI–81 German Workshop on Artifical Intelligence. Bad Honnef, January 1981. Herausgegeben von J. H. Siekmann. XII, 317 Seiten. 1981.

Band 48: W. Wahlster, Natürlichsprachliche Argumentation in Dialogsystem. KI-Verfahren zur Rekonstruktion und Erklärung approximativer Inferenzprozesse. XI, 194 Seiten. 1981.

Band 49: Modelle und Strukturen. DAG 11 Symposium, Hamburg, Oktober 1981. Herausgegeben von B. Radig. XII, 404 Seiten. 1981.

Band 50: GI–11. Jahrestagung. Herausgegeben von W. Brauer. XIV, 617 Seiten. 1981.

Band 51: G. Pfeiffer, Erzeugung interaktiver Bildverarbeitungssysteme im Dialog. X, 154 Seiten. 1982.

Band 52: Application and Theory of Petri Nets. Proceedings, Strasbourg 1980, Bad Honnef 1981. Edited by C. Girault and W. Reisig. X, 337 pages. 1982.

Band 53: Programmiersprachen und Programmentwicklung. Fachtagung der GI, München, März 1982. Herausgegeben von H. Wössner. VIII, 237 Seiten. 1982.

Band 54: Fehlertolerierende Rechnersysteme. GI-Fachtagung, München, März 1982. Herausgegeben von E. Nett und H. Schwärtzel. VII, 322 Seiten. 1982.

Band 55: W. Kowalk, Verkehrsanalyse in endlichen Zeiträumen. VI, 181 Seiten. 1982.

Band 56: Simulationstechnik. Proceedings, 1982. Herausgegeben von M. Goller. VIII, 544 Seiten. 1982.

Band 57: GI–12. Jahrestagung. Proceedings, 1982. Herausgegeben von J. Nehmer. IX, 732 Seiten. 1982.

Informatik Fachberichte 101

Herausgegeben von W. Brauer
Im Auftrag der Gesellschaft für Informatik (GI)

Jürgen Koch

Relationale Anfragen

Zerlegung und Optimierung

Springer-Verlag
Berlin Heidelberg New York Tokyo

Autor

Jürgen Koch
Rennbergstr. 15g, 7500 Karlsruhe 21

CR Subject Classifications (1985): H.2.3, H.2.4, I.11

ISBN-13: 978-3-540-15646-8   e-ISBN-13: 978-3-642-70626-4
DOI: 10.1007/978-3-642-70626-4

CIP-Kurztitelaufnahme der Deutschen Bibliothek. Koch, Jürgen: Zerlegung und
Optimierung / Jürgen Koch. - Berlin; Heidelberg; New York; Tokyo: Springer,
1985.
(Informatik-Fachberichte; 101)

NE: GT

2145/3140-543210

Für Susanne

(extraordinary efforts require dedication)

<u>Vorwort</u>

Algorithmen zur Anfrageauswertung nehmen in der Konzeption von Datenbanksystemen eine zentrale Stellung ein. Sie sind zuständig für externe Anforderungen
bezüglich Datenselektion und Datenmanipulation aber auch für systeminterne Anfragen
zum Zwecke der Überwachung von Integritätsbedingungen, zur Prüfung von Zugriffsrechten und zur Parallelitätskontrolle. Die Effizienz der Anfrageauswertung
determiniert die Ausführungszeit von Datenbanktransaktionen und beeinflußt somit in
hohem Maße die Akzeptanz des gesamten Datenbanksystems.

Die vorliegende Arbeit befaßt sich mit Strategien zur Optimierung der Anfrageauswertung in zentralisierten relationalen Datenbanksystemen. Grundsätzlich kann man
zwei Typen von Verfahren zur Auswertung relationaler Anfragen unterscheiden:
generelle Verfahren, die auf beliebige Anfragen anwendbar sind, und spezielle, auf
bestimmte Teilklassen von Anfragen zugeschnittene Verfahren. Zunächst wird anhand
syntaktischer Kriterien eine spezielle, aber dennoch umfangreiche Klasse von
relationalen Kalkülausdrücken identifiziert. Im Gegensatz zu Anfrageklassen, die in
anderen Arbeiten untersucht wurden, umfassen die sogenannten gutartigen Ausdrücke
auch solche mit existentiell und universell quantifizierten Variablen. Gutartige
Ausdrücke sind dadurch charakterisiert, daß sie sich in eine besondere geschachtelte
Form zerlegen lassen, für die wiederum ein effizientes Auswertungsverfahren angegeben
werden kann. Darüberhinaus wird eine ebenfalls auf dem Prinzip der Anfragezerlegung
basierende Optimierungsstrategie entwickelt, die den Anwendungsbereich des Spezialverfahrens noch erweitert. Grundgedanke dabei ist die Trennung der "gutartigen" und
"bösartigen" Bestandteile eines relationalen Ausdrucks, so daß er in einer
entsprechend transformierten Form komponentenweise ausgewertet werden kann -
gutartige Komponenten mit dem Spezialverfahren, bösartige mit einem der generellen
Verfahren. Eine speziell für die Anfrageanalyse entwickelte Repräsentationsform
ermöglicht die Zerlegung des Ausdrucks schon zur Zeit der Übersetzung von
Datenbankprogrammen. Die hier angesprochenen Konzepte sind im Rahmen einer
experimentellen Prototypimplementation auch realisiert worden. Neben der grundlegenden Systemarchitektur werden die wichtigsten Datenstrukturen und Prozeduren
sowie das Zusammenspiel der einzelnen Systemkomponenten beschrieben.

Dieses Buch ist die überarbeitete Fassung meiner Dissertation, die am 19.12.1984
vom Fachbereich Informatik der Universität Hamburg angenommen wurde. In diesem
Zusammenhang möchte ich mich ganz herzlich bei Herrn Professor Dr. J. W. Schmidt,
Universität Frankfurt, für die intensive und freundschaftliche Betreuung der Arbeit
bedanken. Herrn Professor Dr. W. Brauer, Universität Hamburg, sowie Herrn Professor
Dr. M. Jarke, New York University, gilt mein Dank für die zahlreichen konstruktiven
Anmerkungen zu früheren Versionen der Arbeit. Schließlich danke ich meinen
(ehemaligen) Kollegen V. Beecken, H. Eckhardt, C. Franke, W. Lamersdorf, M. Mall,
P. Putfarken und M. Reimer für die angenehme Zusammenarbeit.

Karlsruhe, im April 1985   Jürgen Koch

Inhaltsverzeichnis

1. Einleitung

Mit der Einführung des relationalen Datenmodells [Codd 70] schuf E.F. Codd die Grundlage für eine neue Generation von Datenbanksystemen. Relationale Datenbanksysteme zeichnen sich insbesondere durch drei Eigenschaften aus:

1. Sie realisieren eine klare Trennlinie zwischen den logischen und den physischen Aspekten des Datenbankentwurfs, der Datenselektion und der Datenmanipulation. Das Konzept der Datenunabhängigkeit ermöglicht umfangreiche, etwa durch Performanzbetrachtungen motivierte Änderungen der internen Datenbankorganisation, ohne daß die Logik von Anwendungsprogrammen davon betroffen ist.

2. Der Zugang zu relationalen Systemen ist vergleichsweise einfach. Objekte der realen Welt, Beziehungen zwischen solchen Objekten sowie Beschreibungen der internen Repräsentation von Objekten und Objektbeziehungen können mithilfe von Relationen, d.h. von Mengen identisch strukturierter Elemente, modelliert werden. Die konzeptionelle Einfachheit und die formale Eindeutigkeit des relationalen Modells stehen in deutlichem Kontrast zur Vielfalt von Modellierungskonzepten, mit denen ein Anwender in anderen Datenmodellen (z.B. im hierarchischen [Tsichritzis und Lochovsky 76] oder im netzwerkartigen [Taylor und Frank 76]) konfrontiert wird.

3. Benutzerschnittstellen relationaler Systeme unterstützen die mengenorientierte Verarbeitung umfangreicher Datenbestände. Die Verwendung prädikativer Sprachkonstrukte zum Zugriff auf ausgewählte (Teil-) Relationen ersetzt die traditionelle rekordorientierte "Navigation" durch Datenbanken.

Knapp 15 Jahre nach Bereitstellung ihrer Grundlagen haben relationale Datenbanksysteme den Übergang vom Forschungsgegenstand zum produktivitätssteigernden Werkzeug [Codd 82] bereits vollzogen. Erfahrungen, die aus den ersten Prototypimplementationen [Astrahan et al. 76; Stonebraker et al. 76; Schmidt 77] resultierten, werden heute in zahlreichen kommerziellen Systemen genutzt [Schmidt und Brodie 83].

1.1 Problemstellung

Die Verfügbarkeit geeigneter sprachlicher Hilfsmittel zur Formulierung und Lösung datenbankspezifischer Probleme ist ein wesentlicher Gesichtspunkt für die Akzeptanz eines Datenbanksystems. In diesem Zusammenhang leistet die Entwicklung spezieller Datenbankprogrammiersprachen einen wichtigen Beitrag.

Datenbankprogrammiersprachen vereinigen Konzepte aus den Bereichen Datenmodellierung und Programmiersprachen [Schmidt 84]. Sie enthalten Konstrukte zur Datenselektion, Datenmanipulation sowie zur algorithmischen Vor- und Weiterverarbeitung der Daten und überwinden somit die traditionelle Trennung von reinen Anfragesprachen und Datenmanipulationssprachen.

Ein zentraler Aspekt beim Entwurf von Datenbankprogrammiersprachen ist die Formulierung von Zugriffsintentionen, auch Anfragen genannt. Im relationalen Modell stehen dafür zwei Formalismen zur Auswahl. Die relationale Algebra besteht aus einem Satz von unären und binären Operatoren zur Konstruktion relationenwertiger Ergebnisse. Allgemeinere Anfragen werden durch Komposition von Algebraoperationen formuliert. Der relationale Kalkül dagegen ist eine Spezialisierung des Prädikatenkalküls erster Ordnung. Im Gegensatz zu einem Algebraausdruck, der quasi eine operationale Vorschrift zur Ermittlung des Anfrageergebnisses darstellt, repräsentiert ein Ausdruck des relationalen Kalküls lediglich eine Definition von Eigenschaften des Anfrageergebnisses. Dies vereinfacht auf der einen Seite das Problem der Anfrageformulierung für den Benutzer und überläßt andererseits das Problem der Ergebniskonstruktion völlig dem Datenbanksystem.

Die Vorteile einer prädikativen Anfrageformulierung kommen erst dann zum Tragen, wenn das System einen effizienten Weg zur Beantwortung der Anfrage findet. Im allgemeinen existieren mehrere Methoden zur Auswertung eines relationalen Kalkülausdrucks bzw. einer relationalen Anfrage. Die einzelnen Alternativen unterscheiden sich in der Anzahl erforderlicher Hintergrundspeicherzugriffe, in den Speicherplatzansprüchen für anfallende Zwischenergebnisse und in anderen Kostenparametern. Es liegt in der Verantwortung des Datenbanksystems, genauer, in der Verantwortung seiner Auswertungskomponente, eine kostengünstige Methode auszuwählen. Letztlich geht es um ein Optimierungsproblem, dessen Lösung für die endgültige Akzeptanz des Datenbanksystems von entscheidender Bedeutung ist. Das folgende Beispiel soll einen Eindruck davon vermitteln, welche Kosteneinsparungen mit der Auswahl einer geeigneten Auswertungsmethode erzielt werden können.

1.2 Ein motivierendes Beispiel

Vorausgesetzt sei eine überregionale Universitätsdatenbank mit Informationen über Fachbereiche (departments) mehrerer Ausbildungsstätten, deren Vorlesungsangebot (lectures) und Lehrpersonal (professors). Die vollständige Definition des Datenbankschemas ist im Anhang gegeben. Für das Beispiel genügt die folgende Zusammenstellung von Relationen- und Attributbezeichnern (Schlüsselattribute sind unterstrichen):

```
professors  (pnr, pname, status, city)
lectures    (dnr, pnr, subject, room, day, daytime)
departments (dnr, dtype, city)
```

Die Frage nach den "Namen von Assistenzprofessoren, die an Informatikfachbereichen Vorlesungen zum Thema 'Datenbanken' halten" kann auf mehrere Arten beantwortet werden. Drei Strategien werden hier näher betrachtet und unter dem Gesichtspunkt erforderlicher Hintergrundspeicherzugriffe miteinander verglichen. Der Vergleich beruht auf einer Reihe von (vereinfachenden) Annahmen bezüglich Kardinalität und Speicherungsform der beteiligten Relationen sowie bezüglich der internen Pufferkapazität:

- Insgesamt sind 100 Fachbereiche, 1000 Professoren und 2000 Veranstaltungen in der Datenbank verzeichnet. Es gibt 10 Informatikfachbereiche ('dtype = computer_science'), 600 Assistenzprofessoren ('status = assistant') und 50 Datenbankvorlesungen ('subject = databases'). Die Informatikfachbereiche bieten insgesamt 30 Datenbankvorlesungen an, wovon wiederum 20 von Assistenzprofessoren gehalten werden.

- Relationenelemente sind konsekutiv, in der Reihenfolge aufsteigender Schlüsselwerte, gespeichert.

- Mit einer Hintergrundspeicheroperation (Lesezugriff oder Schreibzugriff) werden ein Relationenelement oder fünf Attributwerte übertragen.

- Es steht ein Hauptspeicherpuffer zur Verfügung, der maximal 10 Elemente oder 50 Attributwerte aufnehmen kann.

Die erste Strategie, die hier betrachtet werden soll, prüft jede denkbare Elementkombination, ob sie das Anfrageprädikat erfüllt. Sie verzichtet auf jegliche Optimierung und ist somit als "brute force" Methode charakterisierbar (Lesezugriffe werden im folgenden mit "l", Schreibzugriffe mit "s" abgekürzt).

Strategie 1

1. Berücksichtigung aller Kombinationen von Elementen der Relationen professors, lectures und departments.

(l: 100*1000*2000)

2. Auswahl solcher Kombinationen, deren Werte in den pnr- und dnr-Attributpaaren übereinstimmen, und für die gilt 'status = assistant', 'subject = databases' und 'dtype = computer_science'.

(s: 20/5)
----
ca. 200 Mio Zugriffe

Der Schlüssel zu einer günstigeren Auswertungsstrategie liegt hier in der Struktur des Anfrageprädikats. Die Beispielanfrage setzt drei Relationen miteinander in Beziehung. Das (dreistellige) Anfrageprädikat wiederum ist aus konjunktiv verknüpften monadischen (einstelligen) und dyadischen (zweistelligen) Teilprädikaten zusammengesetzt. Die monadischen Teilprädikate wählen Professoren mit 'status = assistant', Veranstaltungen mit 'subject = databases' und Fachbereiche mit 'dtype = computer_science' aus. Die dyadischen Prädikate stellen Beziehungen zwischen Professoren und Veranstaltungen ('professors.pnr = lectures.pnr') und zwischen Veranstaltungen und Fachbereichen her ('lectures.dnr = departments.dnr').

Strategie zwei berücksichtigt die vorliegende Prädikatstruktur und nutzt gleichzeitig die Speicherungsform der beteiligten Relationen. Die beiden dyadischen Teilprädikate werden nacheinander, unter Bildung eines Zwischenergebnisses, ausgewertet. Die schrittweise Anfrageauswertung führt hier zu einer beträchtlichen Kostenreduktion.

<u>Strategie 2</u>

1. Abwechselndes Lesen der Relationen lectures und departments mit Zwischenspeicherung (im Hintergrundspeicher) derjenigen Elementkombinationen, die im dnr-Wert übereinstimmen (hier wird vorausgesetzt, daß genau 2000 solcher Kombinationen existieren - die Datenbank erfüllt die Forderung nach referentieller Integrität [Date 81]).

(l: 2000+100; s: 2000)

2. Sortierung des Zwischenergebnisses nach pnr-Werten (beispielsweise mit Hilfe des N-Weg Mischens [Knuth 73]).

(l+s: $2*2000*\log_{10}2000$)

3. Paralleles Lesen der Relation professors und des sortierten Zwischenergebnisses, gefolgt von der Auswahl solcher Kombinationen, die im pnr-Wert übereinstimmen und für die gilt 'status = assistant', 'subject = databases' und 'dtype = computer_science'.

(l: 2000+1000; s: 20/5)
----
ca. 20000 Zugriffe

Die schrittweise Auswertung der Beispielanfrage läßt sich noch dadurch verbessern, daß beim Aufbau von Zwischenergebnissen nur die "interessanten" Teile der einzelnen Relationen berücksichtigt werden. Die vorgezogene Prüfung monadischer Prädikate und die Beschränkung auf diejenigen Attributwerte, die für die weitere Auswertung relevant sind, reduziert die Speicherplatzanforderungen für Zwischenergebnisse erheblich. In vielen Fällen ist eine Pufferung im Hauptspeicher möglich; es entfällt das kostspielige temporäre Auslagern von Zwischenergebnissen auf den Hintergrundspeicher.

<u>Strategie 3</u>

1. Einlesen der Relation departments und Pufferung der dnr-Werte von Elementen mit 'dtype = computer_science' (Speicherung einer Wertemenge set_1).

(l: 100)

2. Einlesen der Relation lectures und Pufferung der pnr-Werte von Elementen mit 'subject = databases' und 'dnr IN set_1' (Speicherung einer Wertemenge set_2).

(l: 2000)

3. Einlesen der Relation professors und Auswahl von Elementen für die gilt 'status = assistant' und 'pnr IN set_2'.

(l: 1000; s: 20/5)
----
ca. 3100 Zugriffe

Grundsätzlich sind die Optimierungsmöglichkeiten damit noch nicht erschöpft. Beispielsweise würde sich die Anzahl der Lesezugriffe im zweiten Auswertungsschritt von 2000 auf 50 reduzieren, wenn Zugriffe über das Attribut subject der Relation lectures durch einen entsprechenden Index unterstützt wären. Andererseits macht auch schon der Vergleich der drei vorliegenden Strategien deutlich, welche Verantwortung auf der Auswertungskomponente des Datenbanksystems lastet. Im Gegensatz zur Berechnung arithmetischer oder boolescher Ausdrücke, die sich durch Anwendung von Techniken zur Codeoptimierung etwa um den Faktor zwei verbessern läßt [Aho und Ullman 77], sind bei der Auswertung relationaler Anfragen Verbesserungen um mehrere Zehnerpotenzen möglich.

1.3 <u>Überblick</u>

Die vorliegende Arbeit beschäftigt sich mit Strategien zur Optimierung der Anfrageauswertung in zentralisierten relationalen Datenbanksystemen. Grundsätzlich unterscheidet man zwei Typen von Verfahren zur Auswertung relationaler Anfragen – generelle Verfahren, die auf beliebige Anfragen anwendbar sind, und spezielle, auf bestimmte Teilklassen von Anfragen zugeschnittene Verfahren. In diesem Zusammenhang leistet die Arbeit folgende Beiträge:

- Sie identifiziert anhand syntaktischer Kriterien eine spezielle, aber dennoch umfangreiche Klasse von relationalen Kalkülausdrücken. Im Gegensatz zu Anfrageklassen, die in anderen Arbeiten vorgestellt wurden, umfassen die sogenannten gutartigen Ausdrücke auch solche mit existentiell und universell quantifizierten Variablen. Gutartige Ausdrücke sind dadurch charakterisiert, daß sie sich in eine besondere geschachtelte Form zerlegen lassen, für die wiederum ein effizientes Auswertungsverfahren angegeben werden kann.

- Der zweite Schwerpunkt der Arbeit liegt in der Entwicklung einer ebenfalls auf dem Prinzip der Anfragezerlegung basierenden Optimierungsstrategie, die den Anwendungsbereich des Spezialverfahrens noch erweitert. Grundgedanke dabei ist die Trennung der "gutartigen" und "bösartigen" Bestandteile eines relationalen Ausdrucks, so daß er in einer entsprechend transformierten Form komponentenweise ausgewertet werden kann - gutartige Komponenten mit dem Spezialverfahren, bösartige mit einem der generellen Verfahren. Eine speziell für die Anfrageanalyse entwickelte Repräsentationsform ermöglicht die Zerlegung des Ausdrucks schon zur Zeit der Übersetzung von Datenbankprogrammen.

- Die hier angesprochenen Konzepte sind im Rahmen einer experimentellen Prototypimplementation auch realisiert worden. Diese Arbeit beschreibt die gewählte Systemarchitektur, die wichtigsten Datenstrukturen und Prozeduren sowie das Zusammenspiel der Übersetzungs- und Laufzeitkomponenten.

Die einzelnen Kapitel dieser Arbeit sind wie folgt strukturiert. Kapitel zwei vergleicht den relationalen Kalkül mit der relationalen Algebra bezüglich ihrer Eignung zur Anfrageformulierung. Es werden Methoden der Sprachintegration von datenbankspezifischen Konstrukten untersucht, wobei die Datenbankprogrammiersprache DBPL zur Veranschaulichung einer besonders weitreichenden Integration dient.

Kapitel drei stellt Prinziplösungen zur Auswertung von relationalen Kalkülausdrücken in Form von Übersetzungsverfahren dar. Sie bilden prädikativ formulierte Anfragen in Folgen elementarer Zugriffsoperationen ab. Anhand von Beispielen werden Ansatzpunkte für Optimierungen erläutert. Es folgt eine Übersicht über die grundlegenden Optimierungstechniken und ihre Einbettung in eine umfassende Optimierungsstrategie.

Das vierte Kapitel befaßt sich mit der Klassifikation von Ausdrücken. Ausgehend von einer graphischen Repräsentationsform werden zunächst Ausdrücke mit baumartigen und solche mit zyklischen Graphen unterschieden. In bezug auf Auswertungskosten zeigen baumartige Ausdrücke ein wesentlich günstigeres Verhalten als die zyklischen. Mithilfe eines modifizierten Kalküls wird eine allgemeinere Klasse von baumartigen Ausdrücken - gutartige Ausdrücke - definiert und einem effizienten Auswertungsverfahren zugeordnet. Schließlich wird gezeigt, daß auch manche Ausdrücke mit zyklischen Anfragegraphen in äquivalente gutartige Ausdrücke transformiert werden können.

Nicht jeder relationale Kalkülausdruck ist insgesamt gutartig oder insgesamt bösartig; viele Ausdrücke haben gutartige und bösartige Bestandteile. Aus diesem Grund verfolgt Kapitel fünf die Idee, einen vorliegenden Kalkülausdruck derart (strukturorientiert) zu zerlegen, daß gutartige von bösartigen Komponenten getrennt werden, worauf der Ausdruck anschließend komponentenweise, jeweils mit den ihrer Natur entsprechenden Verfahren ausgewertet werden kann. Auch hier spielt der modifizierte Kalkül eine zentrale Rolle.

Kapitel sechs beschreibt die Realisierung dieser Konzepte im Rahmen einer Prototypimplementation der Datenbankprogrammiersprache DBPL. Das siebte Kapitel schließlich gibt einen Ausblick auf künftige Forschungsaktivitäten im Bereich der Anfrageoptimierung.

Die vorliegende Arbeit setzt voraus, daß der Leser mit den grundlegenden Konzepten des relationalen Datenbankmodells auf der Ebene von [Ullman 82] oder [Date 82] vertraut ist.

2. Repräsentation und Integration von Anfragen in Datenbankprogrammiersprachen

Operationen auf Datenbanken werden gewöhnlich in die Kategorien Datenselektion, sprich Auswahl von Datenobjekten, und Datenmanipulation, also Einfügen, Löschen oder Ändern von Datenobjekten unterteilt. Für beide Operationsarten ist die Beschreibung der zu selektierenden oder zu manipulierenden Teile der Datenbank von besonderer Bedeutung. Diese Beschreibung wird gewöhnlich als **Anfrage** bezeichnet.

Das Spektrum der möglichen Anfrageformulierungen erstreckt sich von rein passiver Auswahl durch Reaktion auf ein angebotenes Menü, über die freie Formulierung von Ausdrücken in einer Programmiersprache bis hin zu natürlichsprachlichen Anfragen [Vassiliou und Jarke 84]. Im Kontext der Realisierung von Benutzerschnittstellen spielen dabei die Ausdrücke formaler Sprachen eine zentrale Rolle. Sowohl einfache Schnittstellen (z.B. Menüauswahl und parametrisierte Anfragen) als auch komfortable Schnittstellen (z.B. natürlichsprachlicher Datenbankzugriff) werden derzeit durch Abbildung auf Ausdrücke spezieller formaler Sprachen, sogenannter **Datenbankprogrammiersprachen** [Schmidt et al. 82], implementiert.

Datenbankprogrammiersprachen zeichnen sich durch eine enge Verbindung von Datenbankmodell und höherer Programmiersprache aus. Sie stellen einen einheitlichen sprachlichen Rahmen zur Verfügung, der dem Benutzer über Datenselektion und Datenmanipulation hinaus die Möglichkeit zur algorithmischen Vor- und Weiterverarbeitung der Daten gibt.

Dieses Kapitel befaßt sich zunächst mit den gängigen Repräsentationsformen für Anfragen an relationale Datenbanken. Es folgen Strategien zur Integration solcher Repräsentationsformen in höhere Programmiersprachen. Beide Punkte – Alternativen der Repräsentation und der Integration – werden insbesondere bezüglich ihrer Konsequenzen für die Anfrageauswertung diskutiert. Schließlich wird die Datenbankprogrammiersprache DBPL vorgestellt, die in den folgenden Kapiteln zur Motivation und zur Beschreibung von Verfahren zur Anfrageauswertung und deren Optimierung dient.

2.1 Anfragerepräsentation

Der Begriff Anfragerepräsentation umfaßt sowohl den Aspekt der Formulierung durch den Benutzer (externe Repräsentation) als auch den der internen Darstellung von Anfragen (interne Repräsentation). Dieser Abschnitt beschäftigt sich im wesentlichen mit dem Formulierungsaspekt; spezielle interne Repräsentationsformen werden in den folgenden Kapiteln parallel zur Beschreibung von Optimierungstechniken vorgestellt.

2.1.1 Relationaler Kalkül

Der relationale Kalkül ist eine Sprache zur Formulierung von Anfragen an relationale Datenbanken. Gemäß [Codd 72] handelt es sich um einen angewandten Prädikatenkalkül erster Ordnung, dessen Ausdrücke jeweils zu einer (Ergebnis-) Relation evaluieren.

Bei der Definition einer Sprache sind lexikalische, syntaktische und semantische Aspekte zu unterscheiden. Die lexikalischen Symbole des relationalen Kalküls lauten:

Elementvariablen	r_i
Attributselektoren	$.a_i$
Attributkonstanten	c_i
Bereichsbindungen	IN rel_i
Vergleichsoperatoren	$=, \neq, <, \leq, >, \geq$
Junktoren	AND, OR; NOT
Quantoren	SOME, ALL
Begrenzer	{, }, ⟨, ⟩

Diese Grundsymbole werden zu größeren syntaktischen Einheiten, auch Terme genannt, zusammengefaßt. Im relationalen Kalkül stehen zwei Klassen von Termen zur Verfügung, die mit der folgenden Bedeutung belegt sind:

Bereichsterm: r_i IN rel_i

Zeigt an, daß die Elementvariable r_i den Wertebereich (die Bereichsrelation) rel_i hat. Die explizite Bindung von Variablen an individuelle Wertebereiche macht deutlich, daß es sich beim relationalen Kalkül um einen mehrsortigen Kalkül handelt (auf die Mehrsortigkeit wird weiter unten noch eingegangen). Eine weitere Besonderheit liegt in der Variabilität der Wertebereiche. Insbesondere ist auch ein leerer Wertebereich (eine leere Bereichsrelation) zulässig.

monadischer Vergleichsterm: $r_i.a_i$ op c_i

Vergleicht den Wert des Attributs a_i der Variablen r_i gemäß Vergleichsoperator op $\in \{=, \neq, <, \leq, >, \geq\}$ mit der Konstanten c_i.

dyadischer Vergleichsterm: $r_i.a_i$ op $r_j.a_j$

Vergleicht den Wert des Attributs a_i der Variablen r_i mit dem Wert des Attributs a_j der Variablen r_j. Falls r_i und r_j identisch sind, spricht man auch von einem pseudodyadischen Term.

Boolescher Term: TRUE (FALSE)

Spezieller Vergleichsterm mit konstantem booleschen Wert. Boolesche Terme sind äquivalent zu Vergleichstermen $r_i.a_i = r_i.a_i$ ($r_i.a_i \neq r_i.a_i$).

Ein relationaler Kalkülausdruck hat die Form

{ Zielliste : Selektionsprädikat } .

Die __Zielliste__ beschreibt die Ergebnisstruktur. Sie enthält die Bereichsterme der (bezüglich des Selektionsprädikats) freien Variablen ($r_1,..,r_n$) sowie eine Aufzählung derjenigen Attribute, die in der Ergebnisrelation berücksichtigt werden ($r_i.a_i,..,r_j.a_j$):

$$< r_i.a_i,..,r_j.a_j > \text{ OF}$$
$$\text{EACH } r_1 \text{ IN rel}_1, .. , \text{ EACH } r_n \text{ IN rel}_n .$$

Das __Selektionsprädikat__ beschreibt den Inhalt der Ergebnisrelation. Es setzt sich aus Bereichs- und Vergleichstermen zusammen, die über Junktoren und Quantoren verknüpft sind. Selektionsprädikate (wohlgeformte Formeln des relationalen Kalküls) sind in einer rekursiven Definition festgelegt:

1. Vergleichsterme, deren Variablen in Bereichstermen definiert sind, sind Selektionsprädikate.

2. Es sei pred ein Selektionsprädikat, r eine Elementvariable und rel eine Bereichsrelation. Dann sind auch

   a) SOME r IN rel (pred)   (existentielle Quantifikation)

   b) ALL r IN rel (pred)   (universelle Quantifikation)

   Selektionsprädikate. Die Variable r heißt gebundene (existentiell bzw. universell quantifizierte) Variable. Unter der Voraussetzung einer nichtleeren Bereichsrelation rel erhält der quantifizierte Ausdruck im Fall 2a) (2b)) genau dann den Wert TRUE, wenn mindestens ein Element (alle Elemente) r aus rel die Bedingung pred erfüllt (erfüllen); andernfalls evaluiert er zu FALSE.

3. Es seien $pred_1$ und $pred_2$ Selektionsprädikate. Dann sind auch

   a) NOT ($pred_1$)   (Negation)

   b) $pred_1$ AND $pred_2$ (Konjunktion)

   c) $pred_1$ OR $pred_2$ (Disjunktion)

   Selektionsprädikate. Die Junktoren NOT, AND und OR haben die in der Aussagenlogik übliche Bedeutung.

4. Keine anderen Ausdrücke sind Selektionsprädikate.

Ein relationaler Kalkülausdruck '{EACH r IN rel: pred(r)}' bezeichnet damit diejenigen Elemente r aus rel, für die das Selektionsprädikat pred(r) den Wert TRUE annimmt. Falls die Zielliste mehrere Variablen enthält wird eine Teilmenge des kartesischen Produkts über deren Bereichsrelationen ausgewählt.

Beispiel 2.1 zeigt die Formulierung einer Anfrage mithilfe der hier eingeführten Konzepte. Dieses und alle folgenden Beispiele beziehen sich auf das im Anhang gegebene Datenbankschema.

<u>Beispiel 2.1:</u> Namen von Assistenzprofessoren,
die 1981 einen Aufsatz veröffentlicht haben.

```
{ < pr.pname > OF
  EACH pr IN professors:
  pr.status = assistant
     AND
  SOME pa IN papers (pa.year = 1981 AND pa.pnr = pr.pnr) }
```

Der Wertebereich der freien Variablen pr wird hier zunächst durch einen monadischen Vergleichsterm auf Professoren mit 'status = assistant' eingeschränkt. Es folgt ein existentiell quantifizierter Teilausdruck bestehend aus einem monadischen und einem dyadischen Vergleichsterm, der weiterhin solche Professoren selektiert, die 1981 mindestens einen Aufsatz veröffentlicht haben. Die Notation '< pr.pname >' gibt an, daß im Ergebnis nur der Professorenname berücksichtigt wird.

Bei der Beschreibung von Bereichstermen wurde bereits erwähnt, daß die Variablen relationaler Kalkülausdrücke an individuelle Bereichsrelationen (Sorten) gebunden sind. [Schmidt 38] definiert Äquivalenzumformungen, welche den Zusammenhang zwischen einsortigen und mehrsortigen Kalkülen herstellen. Ihnen liegt die Idee zugrunde, im einsortigen Kalkül auch Bereichsterme als Selektionsprädikate zuzulassen:

```
1. { EACH r IN rel: pred }          ( mehrsortig )
      <==>
   { EACH r: (r IN rel) AND pred }   ( einsortig )

2. SOME r IN rel (pred)              ( mehrsortig )
      <==>
   SOME r ( (r IN rel) AND pred )    ( einsortig )

3. ALL r IN rel (pred)               ( mehrsortig )
      <==>
   ALL r ( NOT(r IN rel) OR pred )   ( einsortig )
```

Mit Hilfe solcher Umformungen gelingt es, die vielfältigen Transformationsregeln des Prädikatenkalküls erster Ordnung im Kontext des (mehrsortigen) Relationenkalküls zu interpretieren. Bis auf Spezialfälle resultierend aus leeren Bereichsrelationen können diese Regeln direkt übernommen werden (siehe Abschnitt 3.3.2).

Abschließend seien noch einige Begriffe eingeführt, die im Zusammenhang mit der Transformation von relationalen Kalkülausdrücken benutzt werden. Die Menge der in einem Selektionsprädikat pred enthaltenen Variablen (<u>Prädikatvariablen</u>) wird im folgenden durch PV(pred) notiert. Entsprechend bezeichnet PT(pred) die Menge der im Prädikat enthaltenen Terme (<u>Prädikatterme</u>).

Der <u>Geltungsbereich</u> GB(r) einer freien Variablen r ist durch die (Prädikat-) Terme des Selektionsprädikats definiert. Analog dazu gilt GB(r) = PT(pred) für eine gebundene Variable r in einem quantifizierten Ausdruck quant r IN rel (pred) mit quant $\in$ {ALL,SOME}. Während die Geltungsbereiche unterschiedlicher freier Variablen identisch sind, gilt für je zwei Geltungsbereiche von gebundenen Variablen r_i und r_j entweder $GB(r_i) \subset GB(r_j)$, $GB(r_j) \subset GB(r_i)$ oder $GB(r_i) \cap GB(r_j) = \{\ \}$ (disjunkte Bereiche).

2.1.2 <u>Relationale Algebra</u>

Die relationale Algebra [Codd 70] bildet das prozedurale Gegenstück zum relationalen Kalkül. Sie besteht aus einer Menge von Operatoren zur Erzeugung von neuen Relationen aus relationalen Operanden. Zwei Klassen von Operatoren lassen sich dabei unterscheiden: traditionelle Mengenoperatoren wie kartesisches Produkt (Prod), Vereinigung (Unio), Durchschnitt (Sect) und Mengendifferenz (Diff), und spezielle relationale Operatoren wie Restriktion (Rest), Projektion (Proj), Join (Join) und Division (Divi). Im folgenden werden die speziellen relationalen Operatoren in Präfixnotation als Funktionen mit relationenwertigen Parametern und Ergebnissen eingeführt. Ihre Semantik wird durch äquivalente Kalkülausdrücke definiert.

Der <u>Restriktionsoperator</u> selektiert aus einer Relation rel diejenigen Elemente, für welche eine Auswahlbedingung pred erfüllt ist.

Rest (rel,pred) <==> { EACH r IN rel: pred }

Als Auswahlbedingungen sind monadische und pseudodyadische Vergleichsterme zugelassen.

Der <u>Projektionsoperator</u> selektiert aus einer Relation rel diejenigen Elementkomponenten, die durch Reduktion auf die Attributmenge A={a_1,..a_n} entstehen. Duplikate von Elementkomponenten werden eliminiert.

Proj (rel,A) <==> { < $r.a_1$,..,$r.a_n$ > OF EACH r IN rel: TRUE }

Der Projektionsoperator realisiert eine horizontale und vertikale Selektion, während der Restriktionsoperator lediglich vertikal einschränkt (siehe Abbildung 2.1). Die Beziehung zwischen Projektion und existentieller Quantifikation wird in Abschnitt 3.2.2 hergestellt.

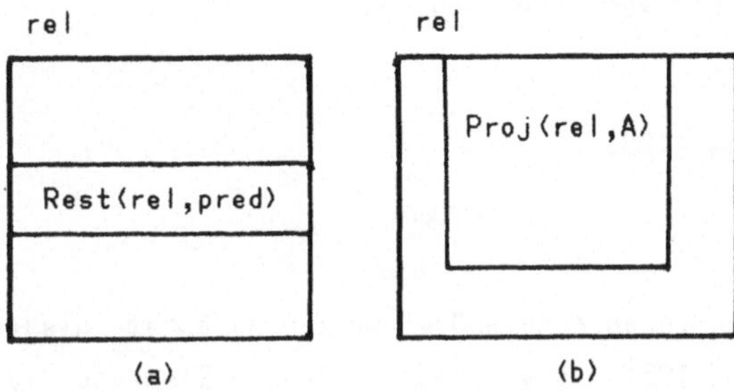

Abbildung 2.1: Illustration von (a) vertikaler und
(b) horizontaler (und vertikaler) Einschränkung.

Der **Joinoperator** konkateniert Elemente aus zwei Relationen rel_1 und rel_2 gemäß einer Verknüpfungsbedingung 'a op b'.

$$\text{Join } (rel_1, a \text{ op } b, rel_2) \Longleftrightarrow \{ \text{ EACH } r_1 \text{ IN } rel_1, \text{ EACH } r_2 \text{ IN } rel_2: r_1.a \text{ op } r_2.b \}$$

Für den Vergleichsoperator op gilt analog zu monadischen und dyadischen Termen des relationalen Kalküls op $\in \{=, \neq, <, >, \leq, \geq\}$. Kombinationen aus kartesischem Produkt und Restriktion können durch äquivalente Joinoperatoren ersetzt werden.

$$\text{Rest}(\text{Prod}(rel_1, rel_2), a \text{ op } b) \Longleftrightarrow \text{Join}(rel_1, a \text{ op } b, rel_2)$$

Falls die Verknüpfungsbedingung äquivalent zum booleschen Term TRUE ist, degeneriert der Joinoperator zum kartesischen Produkt.

Der **Divisionsoperator** entspricht einer besonderen Form der universellen Quantifikation (siehe Abschnitt 3.2.2).

$$\text{Divi } (rel_1, A \text{ by } B, rel_2) \Longleftrightarrow \{ \ \langle r_1.\text{compl}(A) \rangle \text{ OF EACH } r_1 \text{ IN } rel_1:$$
$$\text{ALL } r_2 \text{ IN } rel_2 \text{ SOME } r_3 \text{ IN } rel_1$$
$$(r_1.\text{compl}(A) = r_3.\text{compl}(A)$$
$$\text{AND } r_2.B = r_3.A) \ \}$$

Dabei bezeichnet compl(A) das Komplement der Attributmenge A bezüglich der Gesamtheit der Attribute von rel_1.

In der relationalen Algebra werden Anfragen durch Komposition dieser Operatoren repräsentiert. Beispiel 2.2 enthält eine äquivalente Algebraformulierung der Anfrage aus Beispiel 2.1.

Beispiel 2.2: Namen von Assistenzprofessoren,
die 1981 einen Aufsatz veröffentlicht haben.

```
Proj (Rest (Join (professors,
               pnr=pnr,
               Rest (papers,year=1981)),
          status=assistant),
     {pname})
```

Bei einer Auswertung des Ausdrucks (von innen nach außen) werden zunächst diejenigen Veröffentlichungen bestimmt, die 1981 erschienen sind. Elemente dieses Zwischenergebnisses werden mit solchen Elementen der Professorenrelation verknüpft, die im pnr-Attribut übereinstimmen. Es folgt eine vertikale Einschränkung auf Assistenzprofessoren, die 1981 einen Aufsatz veröffentlicht haben und schließlich die horizontale und vertikale Einschränkung auf deren Namen.

2.1.3 Vergleich von Kalkül und Algebra

Für den Vergleich von relationalem Kalkül und relationaler Algebra werden drei Kriterien zur Beurteilung von Anfragerepräsentationsformen herangezogen:

Mächtigkeit - Welche Klasse von Anfragen kann mit der Repräsentationsform dargestellt werden?

Natürlichkeit - Welcher Aufwand ist mit der Abbildung von einer natürlichsprachlichen Anfrageformulierung auf die Repräsentationsform verbunden?

Flexibilität - Welche Freiheitsgrade gewährt sie für eine Optimierung der Anfrageauswertung?

[Codd 72] definiert mit der relationalen Vollständigkeit ein formales Kriterium für die **Mächtigkeit** von Anfragerepräsentationsformen. Demnach ist eine Repräsentationform genau dann relational vollständig, wenn sie für jeden Ausdruck des relationalen Kalküls die Formulierung eines semantisch äquivalenten Ausdrucks gestattet. Anhand einer Übersetzungsvorschrift von Ausdrücken des relationalen Kalküls in äquivalente Algebraausdrücke wird gezeigt, daß auch die relationale Algebra vollständig ist. Der umgekehrte Übersetzungsweg von der Algebra in den Kalkül [Klug 82b] beweist schließlich, daß beide Repräsentationsformen in bezug auf ihre Ausdrucksmächtigkeit äquivalent sind. Allerdings ist hier zu beachten, daß manche Klassen von Anfragen trotz relationaler Vollständigkeit dieser Repräsentationsformen nicht als Algebra- oder Kalkülausdrücke formuliert werden können. Als Beispiel seien die sogenannten "statistischen" Anfragen genannt [Shoshani 82; Ozsoyoglu und Ozsoyoglu 83], die unter anderem Aggregatfunktionen wie Summierung und Durchschnittsbildung enthalten.

Anfragerepräsentationsformen fungieren auch als Zielsprache bei der Realisierung von natürlichsprachlichem Zugang zu Datenbanken [Schmidt et al. 82; Marburger und Nebel 83]. Die **Natürlichkeit** der Repräsentationsform, bzw. der mit der Abbildung von der natürlichsprachlichen Formulierung verbundene Aufwand, ist dabei von großem Interesse.

Die Nähe des relationalen Kalküls zur natürlichen Sprache wird in Beispiel 2.3 verdeutlicht. Sie ergibt sich unter anderem aus der Präsenz von linguistischen Bausteinen wie Junktoren und Quantoren.

Beispiel 2.3: Professoren, die 1981 keinen Aufsatz veröffentlicht haben.

Kalkülausdruck:

```
{ EACH pr IN professors:
  NOT SOME pa IN papers (pa.year = 1981 AND pa.pnr = pr.pnr) }
```

Äquivalenter Algebraausdruck (Ergebnis des Übersetzungsverfahrens aus [Codd 72]:

```
Divi (Unio (Rest (Prod (professors,papers),year ≠ 1981),
            Rest (Prod (professors,papers),pa.pnr ≠ pr.pnr)),
      Attr(papers) by Attr(papers),papers)
```

Attr(papers) bezeichnet hier die Attribute der Relation papers.

Der Kalkülausdruck läßt sich bis auf den zur Assoziation der Relationen professors und papers notwendigen dyadischen Term direkt aus der natürlichsprachlichen Formulierung ableiten. Im Gegensatz dazu erfordert die Konstruktion des entsprechenden Algebraausdrucks einen nichttrivialen Übersetzungsaufwand.

Schließlich sei hier noch auf den Aspekt der **Flexibilität** eingegangen. Eine flexible Repräsentationsform ist dadurch charakterisiert, daß sie mehrere Ansätze zur Anfrageauswertung unterstützt und damit einen gewissen Spielraum für Optimierungen gewährt. Algebra und Kalkül unterscheiden sich diesbezüglich am stärksten. Ein Ausdruck der relationalen Algebra stellt eine detaillierte Vorschrift zur Konstruktion des Anfrageergebnisses dar (Auswertung der einzelnen Operatoren von innen nach außen). Demgegenüber beschränkt sich ein Kalkülausdruck auf die deskriptive Spezifikation des Anfrageergebnisses, ohne dem Auswertungsverfahren in irgendeiner Form vorzuschreiben, in welcher Reihenfolge die einzelnen Terme bearbeitet werden sollen.

Der deskriptive, relationale Kalkül ist gegenüber der prozeduralen Algebra noch in einem weiteren Punkt im Vorteil. Sowohl systembedingte als auch anwendungsabhängige Eigenschaften von Datenbanken wie Integritätsbedingungen, Autorisierungsbedingungen und Datenpartitionierungen in verteilten Systemen werden gewöhnlich prädikativ formuliert. Solche Bedingungen können wiederum von transformationsorientierten Optimierungstechniken beispielsweise zum Zwecke von Anfragevereinfachungen genutzt werden (siehe Abschnitt 3.3.2). Ausdrücke des relationalen Kalküls sind diesen Techniken im Gegensatz zu Algebraausdrücken ohne zusätzliche Übersetzungsschritte zugänglich.

Die meisten modernen Datenbankprogrammiersprachen (z.B. ASTRAL [Amble et al. 79], PASCAL/R [Schmidt und Mall 80], QUEL [Allman et al. 76] und RIGEL [Rowe und Schoens 79]) basieren auf dem relationalen Kalkül. Lediglich PLAIN [Wasserman 79] und THESEUS [Shopiro 79] stellen Algebraoperatoren zur Verfügung. Andere Sprachen, wie SQUARE [Boyce et al. 75] und SQL [Astrahan und Chamberlin 75] erlauben die Formulierung von Ausdrücken, welche die Eigenschaften des relationalen Kalküls mit denen der Algebra verbinden.

2.2 Anfrageintegration

Neben der Form der Anfragerepräsentation spielt bei Entwurf und Realisierung von Datenbankprogrammiersprachen auch die Art der Sprachintegration eine wichtige Rolle [Lacroix und Pirotte 80]. In diesem Abschnitt werden deshalb drei Integrationsmethoden, nämlich prozedurale Erweiterung, einfache Einbettung sowie orthogonale Integration vorgestellt und insbesondere aus dem Blickwinkel der Anfrageoptimierung miteinander verglichen. Das gewählte Standardbeispiel - Ausdrucken von Publikationsverzeichnissen - dient zur Illustration der Unterschiede.

2.2.1 Prozedurale Erweiterung

Die einfachste Methode zur Integration von datenbankspezifischen Sprachkonstrukten in eine existierende Programmiersprache besteht in der prozeduralen Erweiterung der Sprache um spezielle Standardprozeduren. Diese Methode zeichnet sich durch drei charakteristische Eigenschaften aus:

- Übergabe der Anfrage an das Laufzeitsystem in Form einer Zeichenkette;

- explizite oder implizite Verwaltung eines Kommunikationsbereichs;

- elementweiser Zugriff auf das Anfrageergebnis.

Beispiel 2.4 illustriert die prozedurale Erweiterung der Programmiersprache PL/I um SQL-Ausdrücke in einer frühen Version des Datenbanksystems System/R [Astrahan et al. 76]. Der Aufruf der speziellen Prozedur 'DOSQL' erfüllt dabei zwei Funktionen. Zum einen beschreibt er die Anfrage durch eine Zeichenkette, und zum anderen assoziiert er die einzelnen Elemente des Anfrageergebnisses mit einem Kommunikationsbereich (cursor). Textuelle Substitutionen ('x','y') der Ergebnisattribute (title, abstract) werden in der Prozedur 'BIND' entsprechenden Variablen der Gastsprache (x,y) zugeordnet. Aufrufe der Prozedur 'FETCH' stellen jeweils ein Ergebniselement bereit, das anschließend komponentenweise verarbeitet wird.

Beispiel 2.4: Prozedurale Erweiterung von PL/I um SQL Ausdrücke.

```
DECLARE x CHAR (20);
DECLARE y CHAR (40);
DECLARE z CHAR (20);

GET EDIT (z) (A);

CALL BIND ('x', ADDR(x));
CALL BIND ('y', ADDR(y));
CALL BIND ('z', ADDR(z));

CALL DOSQL (cursor, 'SELECT title:x, abstract:y
                     FROM    papers
                     WHERE   pnr = SELECT pnr
                                   FROM    professors
                                   WHERE   pname = z');

CALL FETCH (cursor);
DO WHILE code = 'OK'
   PUT SKIP LIST (x, y);
   CALL FETCH (cursor);
END;
```

Der wesentliche Vorteil prozeduraler Erweiterungen liegt darin, daß sie über die Programmierung der Standardprozeduren hinaus keinen zusätzlichen Implementationsaufwand erfordern. Jede Programmiersprache, die über geeignete Prozeduraufruf- und Parameterübergabemechanismen verfügt, kann prozedural erweitert werden. Dem stehen allerdings mehrere Nachteile gegenüber. Die satzweise Verarbeitung des Anfrageergebnisses und die Berücksichtigung lästiger Details wie Definition und Verwaltung von Kommunikationsbereichen erschweren die Programmierung von Datenbankanwendungen und erhöhen deren Fehleranfälligkeit. Die Übergabe der Anfrage in Form einer Zeichenkette bedeutet, daß die gesamte syntaktische und semantische Analyse der Anfrage zur Laufzeit stattfindet. Somit besteht keine Möglichkeit, die Auswertung der Anfrage schon zur Übersetzungszeit zu optimieren oder wenigstens eine Laufzeitoptimierung vorzubereiten.

2.2.2 Einfache Einbettung

Im Gegensatz zur Anfrageintegration durch Bereitstellung besonderer Standardprozeduren basiert die Methode der einfachen Spracheinbettung auf einer beschränkten syntaktischen Erweiterung der Gastsprache. Programmteile, die datenbankspezifische Sprachkonstrukte enthalten, werden dabei besonders gekennzeichnet und können somit relativ einfach von einem Vorübersetzer erkannt, analysiert und durch Aufrufe an Datenbankroutinen ersetzt werden. Die Ausgabe des Vorübersetzers dient anschließend als Eingabe für die Standardversion des Gastsprachenübersetzers.

Beispiel 2.5 verdeutlicht die Einbettungsmethode anhand der Integration von QUEL-Ausdrücken in die Programmiersprache C [Allman et al. 76]. Im Anwendungsprogramm enthaltene QUEL-Ausdrücke, darin referenzierte Variablen der Gastsprache (x,y,z), sowie Anweisungen zur Verarbeitung von Ergebniselementen werden mit dem Präfix '##' versehen. Die spezielle INGRES Anweisung vor der eigentlichen Anfrage assoziiert die Bereichsrelationen (papers, professors) mit einer existierenden Datenbank (university). Auf die Anfrage folgt ein Anweisungsblock, der für jedes Element der Ergebnisrelation ausgeführt wird.

Anfrageintegration mittels einfacher Spracheinbettung ist durch die damit implizit verbundene Technik der Vorübersetzung relativ gastsprachenunabhängig. Ein weiterer Vorteil liegt in der syntaktischen Analyse der Anfragerepräsentation sowie in der (statischen) Prüfung auf Typverträglichkeit durch den Vorübersetzer. Daraus resultiert die Möglichkeit, gewisse Optimierungstechniken schon zur (Vor-) Übersetzungszeit anzuwenden.

Beispiel 2.5: Einfache Einbettung von QUEL in C.

```
## CHAR x [20];
## CHAR y [40];
## CHAR z [20];

   Read (z);
   {
## INGRES university
## RANGE OF pa IS papers
## RANGE OF pr IS professors

## RETRIEVE (x=pa.title, y=pa.abstract)
## WHERE pa.pnr = pr.pnr AND pr.pname = y
## {
   Print (x, y);
## }
   }
```

Als nachteilig erweist sich jedoch die Verwendung von zwei voneinander unabhängigen Sprachen bei der Formulierung von Datenbankprogrammen (Anfragesprache auf der einen, Programmiersprache auf der anderen Seite). Daraus ergibt sich, daß manche Fehlermeldungen, die beim Übersetzen des modifizierten Programms der Gastsprache erzeugt werden, oft nur bei genauer Kenntnis des Vorübersetzers verständlich sind. Schließlich beschränkt die notwendigerweise getrennte Behandlung einzelner Anfragen den Spielraum von Optimierungsstrategien auf einen sehr lokalen Kontext.

2.2.3 Orthogonale Integration

Motiviert durch weitreichende Analogien zwischen Datenbanken und Programmiersprachen wie beispielsweise

Datenbankmodell   – Datenstruktur

Datenbankschema   – Datentyp

Relation   – Variable

Anfrage   – Ausdruck

strebt die sogenannte orthogonale Integration eine einheitliche Behandlung von persistenten, d.h. über die Laufzeit eines Anwendungsprogramms hinaus bestehenden, und nichtpersistenten Daten an. Es entsteht eine neue Sprache, in der Anfragerepräsentationen nicht als isolierte datenbankspezifische Konstrukte existieren, sondern durch Verallgemeinerung aus vorhandenen Konstrukten der Gastsprache hervorgehen. Die Forderung nach Orthogonalität resultiert aus den Ansprüchen komfortabler Datenbankprogrammierung, wonach Anfrageausdrücke nicht nur in Zuweisungen, sondern beispielsweise auch als Prozedurparameter und in Kontroll- strukturen zugelassen werden müssen.

Beispiel 2.6 deutet an, wie stark der relationale Kalkül in der Datenbankprogrammiersprache DBPL [Schmidt et al. 83] verankert ist. Die Anfrage wird hier in Form eines Kalkülausdrucks an die Prozedur 'PrintRelation' übergeben, wo die Aufbereitung des Anfrageergebnisses in einer verallgemeinerten Kontrollstruktur erfolgt. Alle Komponenten des Ausdrucks sind entweder Variablen oder Operatoren der Sprache.

<u>Beispiel 2.6:</u> Orthogonale Integration von Ausdrücken
des relationalen Kalküls in DBPL.

```
FROM university IMPORT papers, professors;

TYPE  ElementType = RECORD
                       title:    ARRAY [0..19] OF CHAR;
                       abstract: ARRAY [0..39] OF CHAR;
                    END;

      RelType = RELATION title, abstract OF ElementType;

VAR   z: ARRAY [0..19] OF CHAR;

PROCEDURE PrintRelation (rel: RelType);
BEGIN
  FOR EACH r IN rel DO
    WriteString(r.title); WriteString(r.abstract); WriteLn;
  END;
END PrintRelation;

BEGIN
  ReadString(z);
  PrintRelation ( { < pa.title,pa.abstract > OF
                    EACH pa IN papers: SOME pr IN professors
                    (pa.pnr=pr.pnr AND pr.pname=z) } )
END;
```

Der einzige Nachteil der orthogonalen Integration liegt in ihrer relativ aufwendigen
Implementation. Es muß entweder ein neuer Übersetzer gebaut, oder zumindest ein
existierender geändert werden. Andererseits bietet sie im Vergleich zu den beiden
anderen Integrationsmethoden mit Abstand die meisten Vorteile in bezug auf Benutzer-
freundlichkeit, Fehlerbehandlung und Optimimierungsmöglichkeiten.

Dem Datenbankprogrammierer stehen oft mehrere Alternativen zur Formulierung
einer Problemlösung zur Verfügung. So ist es beispielsweise auch möglich, den Aufruf
der Prozedur 'PrintRelation' in Beispiel 2.6 durch eine FOR EACH Schleife zu
ersetzen, deren Iterationsbereich durch die Auswahlbedingung der Anfrage
eingeschränkt ist. Die Aufhebung der strikten Trennung von datenbankorientierten und
programmiersprachlichen Konstrukten sowie deren gemeinsame Übersetzung durch einen
Sprachprozessor ermöglicht umfangreiche Fehleranalysen und sinnvolle Hinweise auf
deren Ursache. Schließlich sind dem Anwendungsbereich von Optimierungsverfahren keine
künstlichen Grenzen gesetzt. Es bietet sich sogar an, im Rahmen einer globalen
Optimierung mehrere Anfragen innerhalb eines Programms schon während der Übersetzung
dahingehend zu untersuchen, ob sie gemeinsame Teilausdrücke enthalten, oder ob das
Ergebnis der einen Anfrage für die Beantwortung der anderen ein nützliches Zwischen-
resultat darstellt.

2.3 Die Datenbankprogrammiersprache DBPL

Die Datenbankprogrammiersprache DBPL [Schmidt et al. 83] vereinigt Konzepte des relationalen Datenmodells mit denen einer Pascal-artigen Programmiersprache. Der Sprachentwurf basiert auf Erkenntnissen, die aus der Entwicklung und Anwendung von Pascal/R [Schmidt 77; Schmidt und Mall 80] gewonnen worden sind. Zusätzlich zu den in Pascal/R realisierten Sprachkonstrukten verfügt DBPL über Konzepte zum modularen Systementwurf, zur Datenpartitionierung sowie über ein Transaktionskonzept, welches die konsistente Abwicklung konkurrierender Datenbankoperationen sicherstellt.

2.3.1 Der algorithmische Kern

Der algorithmische Kern (die Gastsprache) einer Datenbankprogrammiersprache hat wesentlichen Einfluß darauf, wie elegant Datenbankkonstrukte integriert und letztlich Problemlösungen formuliert werden können. Bei seiner Auswahl stehen deshalb folgende Kriterien im Vordergrund [Schmidt et al. 82]:

1. Existenz von Datentypen, die sich für die Modellierung von Datenbankobjekten eignen.

2. Unterstützung bei der Entwicklung großer Programmsysteme.

3. Unterstützung bei der Programmierung maschinennaher Details.

Die Programmiersprache Modula-2 [Wirth 82] wird diesen Anforderungen gerecht, indem sie die mächtige Typmaschinerie der Sprache Pascal [Wirth 71] mit Konzepten zum modularen Systementwurf aus der Sprache Modula [Wirth 77] vereinigt.

Das für Modula-2 charakteristische Modulkonzept ermöglicht die kontrollierte Dekomposition größerer Programmsysteme in logisch zusammenhängende Teile, sprich Moduln. Einzelne Moduln wiederum sind in Definitions- und Implementationsteile getrennt. Während der Definitionsteil eines Moduls seine Oberfläche (Schnittstelle zur Außenwelt) beschreibt, realisiert der Implementationsteil seine Wirkungsweise. Die Kommunikation zwischen Moduln wird mit Hilfe sogenannter IMPORT- und EXPORT-Listen kontrolliert. Darin ist festgelegt, welche Objekte (Konstanten, Typen, Variablen, Prozeduren) anderer Moduln benutzt werden und welche (eigenen) Objekte nach außen hin sichtbar sind.

Die Partitionierung größerer Programmsysteme wird zusätzlich durch das Konzept der separaten Übersetzung unterstützt [Geismann 82]. Während der Übersetzung von Definitionsteilen entstehen symbolische Schnittstellenbeschreibungen, welche bei der (getrennten) Übersetzung davon abhängiger Implementationsteile zu Verträglichkeitsprüfungen herangezogen werden. Dies hat zur Folge, daß man Implementationsteile unterschiedlicher Moduln unabhängig voneinander entwickeln kann, solange ihre Schnittstellenbeschreibungen unverändert bleiben.

Dem Aspekt der Systemprogrammierung wird in Modula-2 durch Bereitstellung maschinennaher Datentypen (z.B. ADDRESS) und entsprechender Operationen darauf (z.B. Allocate) Rechnung getragen. Außerdem werden Prüfungen auf Typverträglichkeit flexibler als in Pascal gehandhabt. Es ist erlaubt, Datentypen mittels sogenannter Transferfunktionen zu konvertieren, was insbesondere für die hochsprachliche Formulierung maschinennaher Details von Interesse ist. Modula-2 enthält zudem noch ein einfaches Konzept zur Definition und Kontrolle quasi-paralleler Prozesse.

2.3.2 Typen für persistente Daten

Das relationale Modell beschreibt eine Datenbank als eine Menge von Relationen [Codd 70]. Eine Relation selbst ist durch eine Reihe zeitunabhängiger Eigenschaften (Name der Relation, Namen und Wertebereiche ihrer Attribute, Schlüsseldefinition) und durch ihren zeitlich variierenden Wert (Teilmenge des kartesischen Produkts ihrer Attributwertebereiche mit Eindeutigkeit in den Schlüsselattributen) charakterisiert.

Die Integration von Konzepten des relationalen Modells mit denen einer höheren Programmiersprache legt es nahe, auch persistente Daten, also solche, die über die Lebensdauer eines verarbeitenden Programms hinaus Bestand haben, durch Variablen, und deren Eigenschaften durch entsprechende Datentypen zu modellieren. Demzufolge verfügt die Datenbankprogrammiersprache DBPL über eine Datenstruktur RELATION und damit über einen Generator für beliebige Relationentypen. Ein Relationentyp wird in DBPL durch

    RELATION KeyDefinition OF ElementDefinition

definiert, wobei KeyDefinition diejenigen Attribute aufzählt, die ein Relationenelement eindeutig identifizieren, und ElementDefinition die Struktur der Relationenelemente beschreibt. Relationenelemente werden mit Hilfe von Rekords modelliert. Ihre Komponenten sind gemäß dem Coddschen Relationenbegriff auf atomare Typen beschränkt. Die Aufhebung dieser Restriktion im Sinne einer rekursiven Modellierung komplexer Datenobjekte wird in [Lamersdorf und Schmidt 83] diskutiert.

Beispiel 2.7 definiert die Variable professors mit Hilfe des Relationentyps ProfRelType. Damit ist allerdings noch nichts über die Lebensdauer dieser Relation gesagt. Erfolgt die Variablendeklaration innerhalb eines Moduls oder innerhalb einer Prozedur, so handelt es sich um eine lokale Relationenvariable mit einem auf das umgebende Modul bzw. auf die umgebende Prozedur beschränkten Geltungsbereich. Im

Gegensatz dazu werden permanente Datenbankrelationen in einem spezialisierten Datenbankdefinitionsmodul deklariert.

Beispiel 2.7: Deklaration und Typdefinition einer Professorenrelation.

```
TYPE

   ProfNumber = [1000 .. 9999];
   ProfName   = ARRAY [0 .. 19] OF CHAR;
   Status =    (assistant, associate, tenure, full, guest);
   City   =    ARRAY [0 .. 14] OF CHAR;

   ProfRecType = RECORD
                   pnr:    ProfNumber;
                   pname:  ProfName;
                   status: Status;
                   city:   City;
                 END;

   ProfRelType = RELATION pnr OF ProfRecType;

VAR

   professors: ProfRelType;
```

Beispiel 2.8 skizziert die DBPL-Definition einer Datenbank, welche unter anderem die Professorenrelation aus Beispiel 2.7 enthält. Der von Modula-2 übernommene EXPORT-Mechanismus wird dazu genutzt, ausgewählte Teile der Datenbank, sowie darauf definierte Operationen nach außen hin sichtbar zu machen.

Beispiel 2.8: Ausschnitt aus einer Datenbankdefinition.

```
DATABASE DEFINITION MODULE university;

   EXPORT professors, .. , Hire, Fire, .. ;

   TYPE
     ...
     ProfRelType = RELATION pnr OF ProfRecType;
     ...

   VAR
     ...
     professors: ProfRelType;
     ...

   PROCEDURE Hire (pnr: ProfNumber);

   PROCEDURE Fire (pnr: ProfNumber);

   ...

END university.
```

Die vollständige Definition der Universitätsdatenbank ist im Anhang gegeben.

2.3.3 Operationen und Kontrollstrukturen

Wie eingangs schon erwähnt, unterscheidet man mit Datenselektion und Datenmanipulation zwei Klassen von Datenbankoperationen. Datenselektion mittels relationenwertiger Ausdrücke ist bereits in Abschnitt 2.1.1 ausführlich behandelt worden. Zu ergänzen ist noch, daß in DBPL auch Konstrukte der Art

$$\{ \ selection_1, \ .. \ ,selection_n \ \}$$

erlaubt sind. Ihr Wert ergibt sich aus der Vereinigung der Teilausdrücke $\{ \ selection_1 \ \} \ .. \ \{ \ selection_n \ \}$. Unter der Voraussetzung der Typverträglichkeit [Koch et al. 81] sind relationale Ausdrücke auf der rechten Seite von Zuweisungen

```
rel := relexpression
```

sowie als Aktualparameter von Prozeduraufrufen

```
dbprocedure ( relexpression )
```

zugelassen. Zusätzlich besteht in DBPL die Möglichkeit, reine Selektionsprädikate als verallgemeinerte boolesche Ausdrücke beispielweise in bedingten Verzweigungen zu verwenden.

```
IF predicate THEN action1
ELSE action2
END;
```

Standardprozeduren realisieren eine sequentielle elementorientierte Datenselektion.

```
LOWEST(rel,'a',r)
```

> Selektiert aus den Elementen r' der Relation rel mit r.a = MIN(a) — mit dem kleinsten Wert im Attribut a — dasjenige mit dem kleinsten Schlüsselwert; das Ergebnis wird auf die Elementvariable r abgelegt.

```
NEXT(rel,'a',r)
```

> Selektiert aus den Elementen r' der Relation rel mit $r'.a \geq r.a$ und $r'.key > r.key$ dasjenige mit dem kleinsten Schlüsselwert; das Ergebnis wird auf die Elementvariable r abgelegt.

```
HIGHEST(rel,'a',r)
```

> Selektiert aus den Elementen r' der Relation rel mit r.a = MAX(a) — mit dem größten Wert im Attribut a — dasjenige mit dem größten Schlüsselwert; das Ergebnis wird auf die Elementvariable r abgelegt.

PRIOR(rel,'a',r)

> Selektiert aus den Elementen r' der Relation rel mit r'.a $\leq$ r.a und r'.key $<$ r.key dasjenige mit dem größten Schlüsselwert; das Ergebnis wird auf die Elementvariable r abgelegt.

EOR(rel)

> Liefert den Wert TRUE, falls eine vorangehende LOWEST, NEXT, HIGHEST, oder PRIOR Prozedur nicht erfolgreich zugreift; im anderen Fall liefert die Funktion den Wert FALSE.

Der Vollständigkeit halber sei noch erwähnt, daß die Standardfunktion CARD(rel) die aktuelle Anzahl der Elemente von rel zurückgibt.

Zum Zwecke der Datenmanipulation enthält DBPL zusätzlich zu := (Zuweisung) die speziellen Zuweisungsoperatoren :+ (Einfügen), :- (Löschen) und :& (Ändern). Ihre Semantik ist in [Schmidt und Mall 80] durch Rückführung auf äquivalente Zuweisungen definiert:

```
rel :+ relexpression

  <==>

rel := { EACH r IN rel: TRUE,
         EACH x IN relexpression:
         NOT SOME r IN rel (r.key = x.key) }


rel :- relexpression

  <==>

rel := { EACH r IN rel : NOT SOME x IN relexpression (r = x) }


rel :& relexpression

  <==>

rel := { EACH r IN rel:
         NOT SOME x IN relexpression (r.key = x.key),
         EACH x IN relexpression:
         SOME r IN rel (r.key = x.key) }
```

Die elementweise Verarbeitung von (Teil-) Relationen in systemdefinierter Reihenfolge ist in DBPL durch eine verallgemeinerte FOR EACH Anweisung unterstützt.

```
FOR EACH r IN rel: pred DO
  statement sequence
END;
```

Anfragen mit quantorenfreien Selektionsprädikaten können damit direkt ausgewertet werden:

```
    result := { EACH r IN rel: pred }

      <==>

    result := { };
    FOR EACH r IN rel: pred DO
      result :+ { r }
    END;

      <==>

    result := { };
    FOR EACH r IN rel DO
      IF pred THEN result :+ { r } END
    END;
```

Die letztgenannte FOR EACH Schleife macht von der Möglichkeit Gebrauch, das Selektionsprädikat TRUE wegzulassen.

2.3.4 Selektoren

DBPL verfügt analog zum indizierten Zugriff auf einzelne Felder einer ARRAY Variablen auch über ein Konstrukt zur schlüsselorientierten Selektion von Relationen- elementen [Mall et al. 84]. Der sogenannte **Elementselektor** rel[keyval] selektiert das Element der Relation rel mit Schlüsselwert keyval.

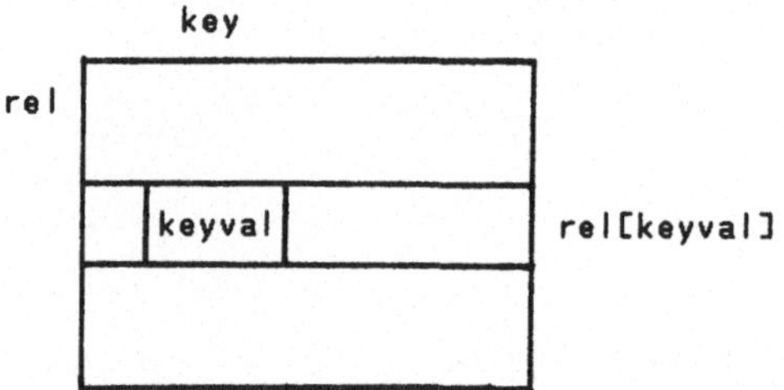

In seiner allgemeinen Form repräsentiert ein **Selektor** (Relationenselektor) einen prädikatgesteuerten Zugriff auf Teilrelationen. Eine Selektordefinition der Form

```
    SELECTOR s FOR frel: RelType;
    BEGIN EACH r IN frel: predicate END s;
```

bindet den Selektor s an eine formale Relationenvariable frel vom Typ RelType. Angewandt auf eine aktuelle Relation rel desselben Typs selektiert rel[s] denjenigen Teil von rel, welcher die Auswahlbedingung pred erfüllt.

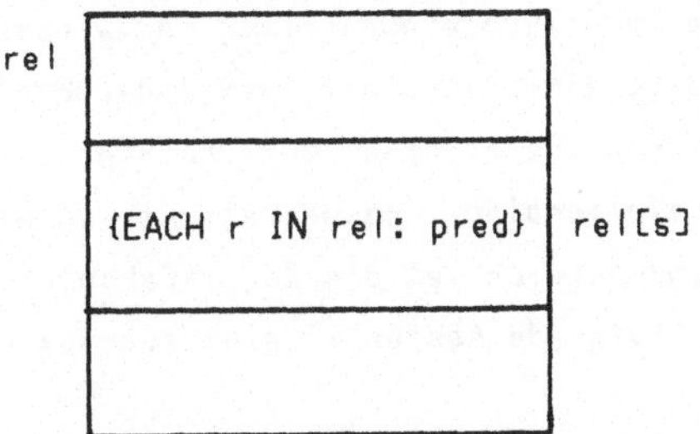

Analog zu Funktions- und Prozedurdefinitionen sind auch in Selektordefinitionen Parameter erlaubt.

```
    SELECTOR s' FOR frel: RelType (..);
    BEGIN EACH r IN frel: pred(..) END s';
```

Während rel[s] einen festen Ausschnitt der Relation rel selektiert, läßt sich die Selektion in rel[s'(..)] durch Angabe entsprechender Aktualparameter steuern.

Selektierte Relationen sind Variablen und können deshalb sowohl auf der rechten als auch auf der linken Seite von Zuweisungen stehen. Auf der rechten Seite bezeichnet rel[s] den Wert des Ausdrucks '{ EACH r IN rel: pred }'. Zuweisungen auf selektierte Relationen

```
    rel[s] := relexpression;
```

sind mit einer Prüfung verbunden, die sicherstellt, daß die Zuweisung nur denjenigen Teil von rel betrifft, welcher die Bedingung pred erfüllt.

```
    IF ALL x IN relexpression (pred)
    THEN rel := { EACH r IN rel: NOT(pred),
                  EACH x IN relexpression: TRUE }
    ELSE exception
    END;
```

Die prädikative Partitionierung von Relationenvariablen mittels Selektoren hat eine Reihe von Anwendungsbereichen. Beispielsweise dient der Selektor ownoffice zur Definition und Kontrolle einer speziellen Integritätsbedingung.

```
    SELECTOR ownoffice FOR prel: ProfRelType;
    BEGIN EACH p IN prel:
         ALL p' IN prel ( NOT(p.office = p'.office)
                              OR
                          p.pnr = p'.pnr )
    END ownoffice;
```

Zuweisungen auf die selektierte Variable professors[ownoffice] erzwingen die funktionale Abhängigkeit office --> pnr und garantieren somit, daß jeder Professor sein eigenes Büro erhält. Auf die Verwendung von Selektoren zur hochsprachlichen Beschreibung von Zugriffsoperationen auf relationalen Speicherstrukturen wird in Kapitel drei eingegangen. Ein weiterer Anwendungsbereich ist die Zugriffskontrolle im Kontext konkurrierender Transaktionen. Der folgende Abschnitt gibt auch dafür ein Beispiel.

2.3.5 Transaktionen

Von einer Datenbank wird gewöhnlich gefordert, daß sie ihren Benutzern nur im konsistenten Zustand zugänglich ist. Ein Datenbankzustand ist konsistent, wenn alle definierten Integritätsbedingungen erfüllt sind. Unter der Voraussetzung, daß eine einzelne Datenbankoperation den Zustandsübergang bestimmt, ist diese Forderung in der Praxis nicht immer realisierbar. Schon relativ einfache Integritätsbedingungen wie beispielsweise "neue Kurse werden nur dann in die Universitätsdatenbank mit aufgenommen, wenn sie auch abgehalten werden", führen bei einer sequentiellen Ausführung von Datenbankoperationen zwangsläufig dazu, daß vorübergehend ein inkonsistenter Zustand durchlaufen wird. Aus diesem Grunde wurde das Konzept der Transaktion eingeführt, welches eine Sequenz von Operationen zu einer atomaren Einheit zusammenfaßt. Falls eine Operation innerhalb der Transaktion einen Fehler bewirkt, wird die gesamte Transaktion zurückgesetzt. Eine Transaktion wird also entweder ganz oder gar nicht ausgeführt.

Im Kontext konkurrierender Zugriffe durch parallel laufende Datenbankprogramme müssen drei Fehlerquellen besonders berücksichtigt werden [Gray 78]:

Verlorengegangene Änderung: Ändern zwei Programme P_1 und P_2 dasselbe Datenelement, so geht eine der beiden Änderungen verloren.

Inkonsistentes Lesen: Ändert das Programm P_1 ein Datenelement, welches anschließend von P_2 gelesen wird, so hat P_2 einen inkonsistenten Zustand gesehen, falls P_1 aufgrund eines Fehlers zurückgesetzt wird.

Unwiederholbares Lesen: Liest das Programm P_1 ein Datenelement, welches anschließend von P_2 erfolgreich geändert wird, so findet P_2 bei wiederholtem Zugriff möglicherweise einen anderen Wert vor.

Es ist die Aufgabe der Parallelitätskontrolle, alle zu einem Zeitpunkt im System befindlichen Transaktionen vor solchen Situationen zu bewahren. Sie muß sicherstellen, daß die (quasi) parallele Ausführung von Transaktionen denselben Effekt wie irgendeine serielle Ausführung hat. Eine Transaktion bildet somit die Einheit der Konsistenz, der Fehlererholung und der Parallelitätskontrolle.

In DBPL wurden Transaktionen mit den oben angeführten Eigenschaften als eigenständiges, prozedurähnliches Sprachkonstrukt eingeführt. Die Parallelitätskontrolle des DBPL-Laufzeitsystems garantiert, daß diejenigen persistenten Objekte, auf welche eine Transaktion zugreift, von keiner parallel ausgeführten Transaktion verändert werden.

Beispiel 2.9: Beförderung aktiver Professoren.

```
SELECTOR DirectedBy FOR rel: ProjectRel (pnr: ProfNumber);
BEGIN EACH r IN rel: r.pnr = pnr
END DirectedBy;

SELECTOR WrittenBy FOR rel: PaperRel (pnr: ProfNumber);
BEGIN EACH r IN rel: r.pnr = pnr
END WrittenBy;

TRANSACTION Promote (pnr: ProfNumber);

  IMPORT VAR thisprof    = professors[pnr];
            hispapers    = papers[WrittenBy(pnr)];
            hisprojects  = projects[DirectedBy(pnr)];


BEGIN
  IF (thisprof.status = assistant)
      AND
    (Count(hispapers) > 20)
    THEN thisprof.status := associate
  ELSIF (thisprof.status = associate)
        AND
       (Count(hispapers) > 40)
          AND
       SOME p IN hisprojects (p.budget > 100000)
       THEN thisprof.status := tenure
  END
END Promote;
```

Beispiel 2.9 beschreibt die Beförderung besonders aktiver Professoren als Transaktion. Die selektierten Element- (thisprof) und Relationenvariablen (hispapers, hisprojects) dienen der Zugriffskontrolle. Eine IMPORT-Klausel mit dem Attribut VAR bedeutet, daß auf die Variable ändernd zugegriffen werden kann (im anderen Fall nur lesend). Die mit den selektierten Variablen assoziierten Prädikate liefern die Grundlage für die Entscheidung, welche anderen Transaktionen parallel zu Promote ausgeführt werden können [Mall et al. 84]. In Beispiel 2.9 sind das alle Transaktionen, die weder auf das Element thisprof (lesend oder ändernd) noch auf die Teilrelationen hispapers und hisprojects (ändernd) zugreifen.

3. Anfrageauswertung und deren Optimierung

Algorithmen zur Anfrageauswertung nehmen in der Konzeption von Datenbanksystemen eine zentrale Stellung ein. Sie sind zuständig für die vom Benutzer formulierten Anforderungen bezüglich Datenselektion und Datenmanipulation aber auch für systeminterne Anfragen zum Zwecke der Überwachung von Integritätsbedingungen [Stonebraker 75], zur Prüfung von Zugriffsrechten [Stonebraker und Wong 74] und zur Parallelitätskontrolle [Reimer 83]. Die Effizienz der Anfrageauswertung determiniert die Ausführungszeit von Datenbanktransaktionen und beeinflußt somit in hohem Maße die Akzeptanz des gesamten Datenbanksystems.

Die Aufgabe von Verfahren zur Anfrageauswertung besteht in der Abbildung deskriptiver Anfragerepräsentationen in ein möglichst effizientes operationales Programm, welches letztlich das Anfrageergebnis ermittelt (die Antwortrelation konstruiert). Die wesentlichen Bestandteile dieses Programms sind die elementaren Zugriffsoperationen, die von den inneren Schichten des Datenbanksystems zur Verfügung gestellt werden.

Nach einer kurzen Beschreibung der wichtigsten Speicherstrukturen für Relationen sowie der darauf definierten Elementaroperationen stellt dieses Kapitel zwei Prinziplösungen zur Anfrageauswertung vor. Anhand von Beispielen werden einige Optimierungsansätze motiviert und nachfolgend die grundsätzlichen Ziele und Grenzen von Optimierungstechniken diskutiert. Es schließt sich eine Übersicht über die gängigen Techniken zur Anfragetransformation und Zugriffsplanung an, die letztlich noch in eine umfassende Optimierungsstrategie integriert werden.

3.1 Speicherstrukturen und elementare Zugriffsoperationen

In der Literatur unterscheidet man drei Klassen von Zugriffsoperationen zur attributgesteuerten Selektion von Relationenelementen [Date 82; Ullman 82; Wiederhold 83]:

sequentielle Selektion in einer systemdefinierten Reihenfolge, die lediglich garantiert, daß beim Lesen der gesamten Relation kein Element ausgelassen oder mehrfach zugegriffen wird;

geordnete Selektion in aufsteigender oder absteigender Reihenfolge von Attributwerten (Spezialfall der sequentiellen Selektion);

direkte Selektion gemäß einer monadischen Auswahlbedingung.

Im weiteren Verlauf der Arbeit werden die elementaren Zugriffsoperationen durch Konstrukte der Datenbankprogrammiersprache DBPL notiert. Die FOR EACH Anweisung beschreibt den sequentiellen (ungeordneten) Zugriff auf alle Elemente einer Relation. Die Standardfunktionen LOWEST, NEXT, HIGHEST, PRIOR und EOR bilden die Bausteine für geordnete elementweise Selektion. Die sequentielle Verarbeitung aller Elemente einer Relation rel in aufsteigender Reihenfolge der Werte eines Attributs 'a' wird beispielsweise durch die Anweisungsfolge

```
LOWEST(rel,'a',r);
WHILE NOT EOR(rel) DO
  statement;
  NEXT(rel,'a',r);
END;
```

realisiert. Zur Repräsentation direkter Zugriffe über ein oder mehrere Attribute werden parametrisierte Selektoren herangezogen. So bezeichnet lectures[in_and_at(604,monday)] mit der Definition

```
SELECTOR in_and_at FOR lrel: LectRelType (r: Room; d: Day);
BEGIN EACH l IN lrel: l.room = r AND l.day = d END in_and_at;
```

diejenigen Veranstaltungen, welche montags im Raum 604 stattfinden.

Bei der Bewertung elementarer Zugriffsoperationen werden Zugriffe auf Hauptspeicherbereiche zumeist ignoriert. Der wesentliche Kostenfaktor ist die Anzahl erforderlicher Hintergrundspeicherzugriffe, welche wiederum stark von der zugrundeliegenden Organisationsform für die physische Speicherung von Relationen, sprich **Speicherstruktur**, abhängt. Abbildung 3.1 zeigt ein generelles Schema für relationale Speicherstrukturen. Der Primärdatenbereich umfaßt die eigentlichen Relationenelemente, während der Sekundärdatenbereich redundante Zugriffsstrukturen zur effizienten Unterstützung von Zugriffsoperationen, auch **Zugriffspfade** oder **Indexe** genannt, enthält (in der Abbildung sind zwei unterschiedliche Arten von Zugriffspfaden angedeutet). Primärdaten residieren gewöhnlich im Hintergrundspeicher, Sekundärdaten teils im Hintergrundspeicher (z.B. im Falle eines suchorientierten Indexes mit baumartiger Struktur), teils im Hauptspeicher (z.B. im Falle einer Hashfunktion).

Die **sequentielle Struktur** realisiert die einfachste Speicherungsform für Relationen. Die Primärdaten sind hier konsekutiv in aufsteigender Reihenfolge von Werten eines Attributs (einer Attributkombination) gespeichert. Variationsmöglichkeiten ergeben sich aus der Verzeigerung von Elementen sowie aus dem Verzicht auf die geordnete Speicherung (eine ungeordnete sequentielle Struktur wird häufig als Halde bezeichnet). Die Sekundärdaten bestehen in der sequentiellen Struktur aus den Adressen des ersten und des letzten Datenblocks.

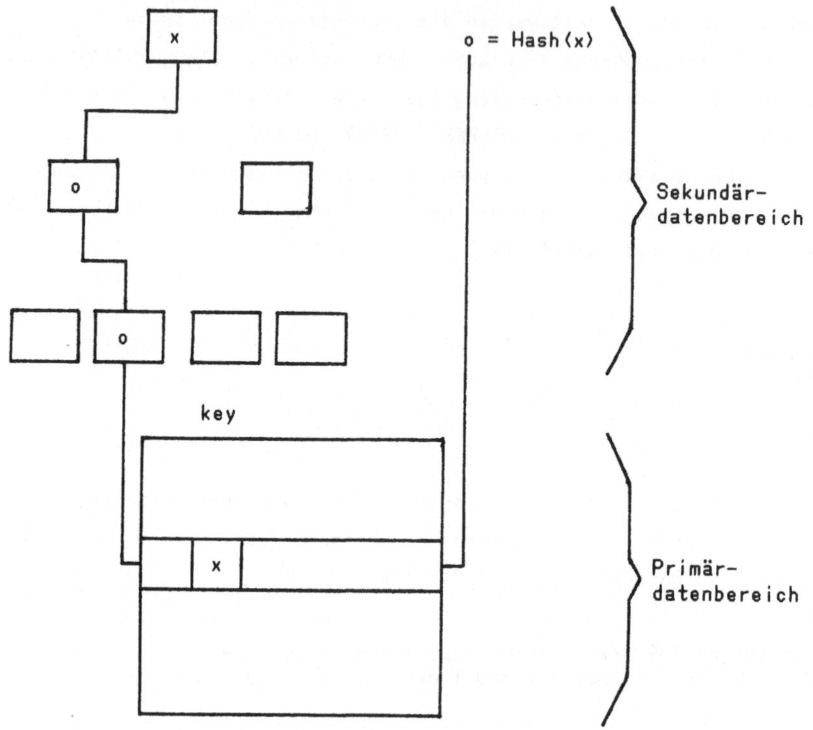

Abbildung 3.1: Generelles Schema für relationale Speicherstrukturen.

Für die sequentielle Selektion des nächsten Relationenelements (geordnet oder ungeordnet) ist maximal ein Hintergrundspeicherzugriff erforderlich. Falls blockweise gelesen wird und das gesuchte Element schon in einem Hauptspeicherpuffer lagert, ist der Zugriff quasi kostenlos. Direkte Selektion eines Elements über binäre Suche kostet im Mittel $\log_2 N$ externe Zugriffe, wobei N bei blockweisem Lesen die Anzahl der Datenblöcke, ansonsten die Kardinalität der Relation bezeichnet.

In einer **indizierten Struktur** dient der Sekundärdatenbereich insbesondere zur Unterstützung direkter Zugriffe. Indexe realisieren die Abbildung von einem Attributwert (Schlüsselwert) auf die Speicheradresse des entsprechenden Relationenelements. Man unterscheidet rechnungsorientierte und suchorientierte Indexe.

Rechnungsorientierte Indexe ermitteln die Speicheradresse eines Relationenelements über eine sogenannte Hashfunktion. Direkte Selektion eines Elements über einen rechnungsorientierten Index kostet im Idealfall nur einen Hintergrundspeicherzugriff. Allerdings liefern Hashfunktionen nicht immer die gewünschte Gleichverteilung von Elementadressen im Bildbereich. Es entstehen oft Kollisionen, die in statischen Indexen durch die Verwaltung von Überlaufbereichen, und in dynamischen Indexen durch Anpassung der Hashfunktion selbst bewältigt werden [Fagin et al. 79].

Ein weiterer Nachteil von rechnungsorientierten Indexen besteht darin, daß nur wenige Hashfunktionen reihenfolgeerhaltend sind, wodurch die geordnete elementweise Selektion teuer erkauft werden muß (die Selektion des "nächsten" Elements via NEXT oder PRIOR kostet N Hintergrundspeicherzugriffe). Sequentielle und rechnungs- orientierte indizierte Strukturen zeigen also in puncto Zugriffskosten ein komplementäres Verhalten.

In suchorientierten Indexen ist die Abbildung von Attributwerten auf Elementadressen durch eine Zuordnungstabelle repräsentiert. Gewöhnlich werden hierfür baumartige Strukturen wie die variantenreichen B-Bäume [Bayer und McCreight 72; Comer 79] benutzt. Sie bilden insofern einen Kompromiß, als sie die direkte und die sequentielle Selektion relativ kostengünstig unterstützen (etwa $\log_d N$ Hintergrund- speicherzugriffe bei einem Baum der Ordnung d). Der geordnete Zugriff über einen B*-Baum ist sogar ebenso effizient wie in der sequentiellen Organisation.

In neuerer Zeit finden vor allem <u>mehrdimensionale Strukturen</u> Beachtung [Bentley und Friedman 79]. Sie unterstützen den direkten Zugriff über beliebige Attribut- kombinationen. Die Auswertung konjunktiv verknüpfter monadischer Terme steht hier als Elementaroperation zur Verfügung. Gemäß der internen Organisationsphilosophie unterscheidet man rechnungorientierte [Nievergelt et al. 84] und suchorientierte [Robinson 81] mehrdimensionale Strukturen, wobei die rechnungsorientierten den suchorientierten hinsichtlich der Zugriffsperformanz überlegen sind [Kriegel 84].

Der ANSI/SPARC Standard für die Architektur von Datenbanksystemen [ANSI 75] faßt relationale Speicherstrukturen als zeitlich variierende Objekte auf. Zugriffspfade haben deshalb im allgemeinen nur eine begrenzte Lebensdauer. Zur Unterstützung häufig gestellter Anfragen wird möglicherweise ein zusätzlicher Zugriffspfad ad-hoc eingerichtet, ein anderer eventuell dafür aufgegeben. Die Konsequenzen dieser Dynamik bezüglich der Auswahl von Elementaroperationen zur Anfrageauswertung werden in Abschnitt 3.3 noch näher diskutiert.

3.2 Prinziplösungen zur Anfrageauswertung

Die Abbildung kalkülartiger Anfragerepräsentationen in elementare Zugriffs-operationen läßt sich mit der Codeerzeugung für arithmetische oder boolesche Ausdrücke höherer Programmiersprachen vergleichen. In diesem Bild gehören die elementaren Zugriffsoperationen zum Instruktionssatz einer abstrakten Zielmaschine.

Im folgenden werden zwei generell anwendbare Verfahren zur Anfrageauswertung vorgestellt. Im ersten Verfahren besteht der Instruktionssatz aus der FOR EACH Anweisung (zum sequentiellen Zugriff in systemdefinierter Reihenfolge), der Zuweisung (zur Variableninitialisierung), der Einfügeoperation (zum Aufbau der Ergebnis-relation) und dem Konditional (zur Kontrolle des Einfügens).

Das zweite Verfahren übersetzt einen relationalen Kalkülausdruck in eine Folge von Algebraoperatoren. Da für jeden Algebraoperator mehrere Implementations-alternativen existieren, kommt dieses Verfahren der Erzeugung von Zwischencode gleich.

3.2.1 Übersetzung in FOR EACH Schleifen

Ein naheliegender Ansatz zur Auswertung von relationalen Kalkülausdrücken mit quantorenfreier Auswahlbedingung

$$\{ \langle r.a_1,..,r.a_z \rangle \ OF \ EACH \ r \ IN \ rel: \ pred(r) \ \}$$

besteht in der elementweisen Iteration über die Bereichsrelation rel verbunden mit dem Test des Selektionsprädikats pred(r) und, bei positivem Ausgang, dem Einfügen des Elements r in die Ergebnisrelation result. Eine entsprechende Formulierung in der Datenbanksprache DBPL lautet:

```
    result := { };
(1) FOR EACH r IN rel DO
      IF pred(r) THEN result :+ {<r.a₁,..,r.a_z>}
    END;
```

Auch quantifizierte Auswahlbedingungen lassen sich mithilfe von FOR EACH Schleifen auswerten. Der Wahrheitswert eines existentiell quantifizierten Selektionsprädikats

$$SOME \ r \ IN \ rel \ (\ pred(r) \ )$$

kann beispielsweise durch

```
      some := FALSE;
(2) FOR EACH r IN rel DO
       some := some OR pred(r)
    END;
```

bestimmt werden. Analog dazu ist ein universell quantifiziertes Selektionsprädikat

$$\text{ALL } r \text{ IN rel } (\text{ pred}(r))$$

mit der Anweisungsfolge

```
      all := TRUE;
(3) FOR EACH r IN rel DO
       all := all AND pred(r)
    END;
```

assoziiert. Die Verwendung der Anweisungsfolgen (2) und (3) in Definitionen boolescher Funktionen EvalSOME und EvalALL, parametrisiert durch diejenigen Elementvariablen, in deren Geltungsbereich das Selektionsprädikat liegt, bildet die Grundlage eines Verfahrens zur Übersetzung von relationalen Kalkülausdrücken in FOR EACH Schleifen:

1. Erzeuge Anweisungsfolge (1).

2. Ist das Selektionsprädikat von der Form

   $$\text{quant}_i\ r_i \text{ IN rel}_i\ .. \text{ quant}_n\ r_n \text{ IN rel}_n\ (\text{pred}(r,..,r_i,..r_n)),$$

   wobei $r,..,r_{i-1}$ die (bezüglich dieses Selektionsprädikats) freien Variablen bezeichnen, so ersetze es durch den Funktionsaufruf

   $$\text{EvalSOME } (r,..,r_{i-1}), \text{ falls quant}_i = \text{SOME}$$

   bzw.

   $$\text{EvalALL } (r,..,r_{i-1}), \text{ falls quant}_i = \text{ALL}$$

   und generiere die Definition

```
    PROCEDURE EvalSOME (r:rType;..;r_{i-1}:r_{i-1}Type): BOOLEAN;
    VAR some: BOOLEAN;
    BEGIN (* Anweisungsfolge (2) *)
      some := FALSE;
      FOR EACH r_i IN rel_i DO
        some := some OR
                 quant_{i+1} r_{i+1} IN rel_{i+1} .. quant_n r_n IN rel_n
                 ( pred(r,..,r_i,..r_n) )
      END;
      RETURN some
    END EvalSOME;
```

   bzw.

```
      PROCEDURE EvalALL (r:rType;..;r_{i-1}:r_{i-1}Type): BOOLEAN;
      VAR all: BOOLEAN;
      BEGIN (* Anweisungsfolge (3) *)
        all := TRUE;
        FOR EACH r_i IN rel_i DO
          all := all AND
                  quant_{i+1} r_{i+1} IN rel_{i+1} .. quant_n r_n IN rel_n
                  ( pred(r,..,r_i,..r_n) )
        END;
        RETURN all
      END EvalALL;
```

3. Wende   Schritt   2   rekursiv   auf   die   Prädikate   der   erzeugten
   Funktionsdefinitionen   an   (bis alle Quantoren durch entsprechende Funktionen
   substituiert sind).

Beispiel 3.1 illustriert dieses Übersetzungsschema anhand eines Kalkülausdrucks mit

zwei existentiell quantifizierten Variablen. Damit die entsprechenden booleschen

Funktionen unterscheidbar sind, erhalten sie die Bezeichner EvalSOME und EvalSOME'.

<u>**Beispiel 3.1:**</u> Namen von Assistenzprofessoren, die an Informatik Fachbereichen
              Vorlesungen zum Thema "Datenbanken" halten.

Relationaler Ausdruck:

```
{ <prof.pname> OF
  EACH prof IN professors:
    SOME lect IN lectures
      SOME dept IN departments
        ( prof.status=assistant AND lect.subject=databases AND
          dept.dtype=computer_science AND prof.pnr=lect.pnr AND
          lect.dnr=dept.dnr ) }
```

Auswertung mit FOR EACH Schleifen:

```
PROCEDURE EvalSOME' (prof: ProfRecType; lect: LectRecType): BOOLEAN;
VAR somedept: BOOLEAN;
BEGIN
  somedept := FALSE;
  FOR EACH dept IN departments DO
    somedept := somedept OR
                prof.status=assistant AND lect.subject=databases AND
                dept.dtype=computer_science AND prof.pnr=lect.pnr
                AND lect.dnr=dept.dnr;
  END;  RETURN somedept;
END EvalSOME';


PROCEDURE EvalSOME (prof: ProfRecType): BOOLEAN;
VAR somelect: BOOLEAN;
BEGIN
  somelect := FALSE;
  FOR EACH lect IN lectures DO
    somelect := somelect OR EvalSOME'(prof,lect) END;
  END;  RETURN EvalSOME;
END EvalSOME;


result := { };
FOR EACH prof IN professors DO
  IF EvalSOME(prof) THEN result :+ {<prof.pname>} END;
END;
```

Anstelle der Prozeduraufrufe können die Anweisungsfolgen der Prozedurkörper auch direkt in den Code expandiert werden (Makrotechnik). Dies führt im allgemeinen zu einer geschachtelten FOR EACH Schleife. Die dabei entstehende Schleifenstruktur reflektiert die Hierarchie der Geltungsbereiche der im relationalen Ausdruck enthaltenen Variablen.

```
result := { };
FOR EACH prof IN professors DO
  somelect := FALSE;
  FOR EACH lect IN lectures DO
    somedept := FALSE;
    FOR EACH dept IN departments DO
      somedept := somedept OR
        prof.status=assistant AND lect.subject=databases AND
        dept.dtype=computer_science AND prof.pnr=lect.pnr AND
        lect.dnr=dept.dnr
    END;
    somelect := somelect OR somedept
  END;
  IF somelect THEN result :+ {<prof.pname>} END
END;
```

Die Auswertung relationaler Kalkülausdrücke mittels geschachtelter FOR EACH Schleifen zeichnet sich vor allem dadurch aus, daß praktisch keine Zwischenergebnisse anfallen [Buneman et al. 82]. Insofern handelt es sich um ein Verfahren, das insbesondere für Systeme mit stark beschränkter Hauptspeicherkapazität interessant ist. Andererseits sind zur Prüfung aller Elementkombinationen sehr viele Elementzugriffe erforderlich. In Beispiel 3.1 sind dies

```
CARD(professors) +
CARD(professors)*CARD(lectures) +
CARD(professors)*CARD(lectures)*CARD(departments)
```

Zugriffe. In der obigen nichtoptimierten Version läßt das Verfahren nur bei relativ kleinen Datenbeständen oder bei Ausdrücken mit wenigen Variablen ein akzeptables Zeitverhalten erwarten. Im Rahmen des sogenannten Dekompositionsalgorithmus [Wong und Youssefi 76] wird deshalb auf eine Auswertung mittels geschachtelter FOR EACH Schleifen, auch Tupelsubstitution genannt, nur dann zurückgegriffen, wenn keine andere Strategie anwendbar ist (strategy of last resort).

3.2.2 Übersetzung in relationenwertige Funktionen

E.F. Codds Beweis zur relationalen Vollständigkeit von Algebraausdrücken [Codd 72] enthält ein weiteres Verfahren zur Anfrageauswertung. Es übersetzt einen relationalen Kalkülausdruck der Form

$$\{ \langle r.a_1,..r.a_z \rangle \text{ OF EACH } r \text{ IN rel}:$$
$$\text{quant}_1 \ r_1 \text{ IN rel}_1 \ .. \ \text{quant}_n \ r_n \text{ IN rel}_n \ (pred(r,r_1,..,r_n)) \ \}$$

in eine äquivalente Folge von Algebraoperatoren (in eine Schachtelung von Funktionen mit relationenwertigen Parametern und Ergebnissen). Das Prädikat $pred(r,r_1,..,r_n)$ bezeichnet hierbei eine quantorenfreie disjunktive Verknüpfung von Konjunktionen (siehe auch die Definition der disjunktiven Pränex Normalform in Abschnitt 3.3.2). Der sogenannte Codd-Algorithmus unterscheidet vier Phasen:

1. Bilde das kartesische Produkt über alle Bereichsrelationen.

$$\text{temp}_1 := \text{Prod}(\text{rel},\text{rel}_1);$$
$$...$$
$$\text{temp}_n := \text{Prod}(\text{temp}_{n-1},\text{rel}_n);$$

2. Schränke das Produkt entsprechend der in $pred(r,r_1,..r_n)$ enthaltenen Terme (konjunktweise) ein; vereinige die Zwischenergebnisse der einzelnen Konjunktionen (vorausgesetzt es existiert mehr als eine Konjunktion).

$$\text{temp}_{n+1} := \text{Rest}(\text{temp}_n,..);$$
$$...$$
$$\text{temp}_{n+k} := \text{Unio}(\text{temp}_{n+j},\text{temp}_{n+i});$$
$$...$$

3. Werte die Quantoren aus (von innen nach außen).

$$\text{temp}_{n+m} := \text{Proj}(\text{temp}_{n+m-1},$$
$$\text{Attr}(\text{rel})+..+\text{Attr}(\text{rel}_{n-1})) \qquad ; \ \text{quant}_n = \text{SOME}$$
$$:= \text{Divi}(\text{temp}_{n+m-1},$$
$$\text{Attr}(\text{rel}_n) \text{ by } \text{Attr}(\text{rel}_n),$$
$$\text{rel}_n), \qquad\qquad ; \ \text{quant}_n = \text{ALL}$$
$$...$$

4. Projiziere das Ergebnis auf die Attribute der Zielliste.

$$\text{result} := \text{Proj}(\text{temp}_{n+m+1},\{a_1,..,a_z\});$$

Beispiel 3.2 illustriert das Verfahren anhand der Standardanfrage.

<u>**Beispiel 3.2:**</u> Schrittweise Übersetzung der Anfrage aus Beispiel 3.1
in eine Folge von Algebraoperatoren.

1. Kartesisches Produkt: $temp_1$:= Prod(professors,lectures);
   $temp_2$:= Prod($temp_1$,departments);

2. Restriktion: $temp_3$:= Rest($temp_2$,status=assistant);
   $temp_4$:= Rest($temp_3$,subject=databases);
   $temp_5$:= Rest($temp_4$,dtype=computer_science);
   $temp_6$:= Rest($temp_5$,professors.pnr=lectures.pnr);
   $temp_7$:= Rest($temp_6$,lectures.dnr=departments.dnr);

3. Quantorenauswertung: $temp_8$:= Proj($temp_7$,Attr(professors)+Attr(lectures));
   $temp_9$:= Proj($temp_8$,Attr(professors));

4. Zielliste: result := Proj($temp_9$,pname);

Resultierender Algebraausdruck:

```
Proj(Proj(Proj(Rest(Rest(Rest(Rest(Rest(Prod(Prod(professors,
                                         lectures),
                                   departments),
                                status=assistant),
                             subject=databases),
                       dtype=computer_science),
                  professors.pnr=lectures.pnr),
             lectures.dnr=departments.dnr),
        Attr(professors)+Attr(lectures)),
     Attr(profesors)),
  {pname})
```

Im Gegensatz zur Auswertung mittels geschachtelter FOR EACH Schleifen erzeugt dieses Verfahren in jedem Schritt ein relationenwertiges Zwischenergebnis. In der ersten Phase entsteht eine im allgemeinen sehr große temporäre Relation (das kartesische Produkt über alle Bereichsrelationen), die in den nachfolgenden Phasen schrittweise auf das eigentliche Anfrageergebnis eingeschränkt wird. Falls keine entsprechend großen Hauptspeicherpuffer zur Verfügung stehen, sind im Rahmen des Codd-Algorithmus wesentlich mehr Elementzugriffe erforderlich als bei einer Auswertung mittels geschachtelter FOR EACH Schleifen. Dies liegt darin begründet, daß die einzelnen Zwischenergebnisse auf den Hintergrundspeicher ausgelagert und anschließend wieder eingelesen werden müssen. Andererseits sind in Beispiel 3.2 lediglich CARD(professors) + CARD(lectures) + CARD(departments) Zugriffe erforderlich, falls das kartesische Produkt der Relationen in einen Puffer paßt (sequentielles Einlesen der Bereichsrelationen und Pufferung der Zwischenergebnisse).

3.2.3 <u>Ansatzpunkte für Optimierungen</u>

Die <u>Lesemenge</u> bezeichnet im folgenden diejenigen Relationenelemente, welche zur Konstruktion der Ergebnisrelation vom Hintergrundspeicher eingelesen werden. Die beiden Prinziplösungen zur Anfrageauswertung zeichnen sich dadurch aus, daß die Ergebnisrelation selbst nur einen kleinen Teil der Lesemenge ausmacht. Ihre Reduktion ist deshalb ein naheliegendes Optimierungsziel. Im Kontext der Übersetzung von relationalen Kalkülausdrücken in FOR EACH Schleifen ist die Reduktion der Lesemenge mit einer Einschränkung des Iterationsbereichs gleichzusetzen. Die erste Optimierungsmöglichkeit ergibt sich bereits aus der Berücksichtigung der Quantorensemantik. Eine FOR EACH Schleife kann im Falle existentieller Quantifizierung schon dann abgebrochen werden, wenn ein Element gefunden ist, welches das Prädikat erfüllt. Entsprechend liefert im Falle universeller Quantifizierung das erste Element, welches das Prädikat verletzt, eine zulässige Abbruchbedingung:

```
some := FALSE;                  all := TRUE;
FOR EACH r IN rel DO            FOR EACH r IN rel DO
  some := some OR pred(r);        all := all AND pred(r);
  IF some THEN EXIT END;          IF NOT all THEN EXIT END;
END;                            END;
```

Ein weiterer Ansatzpunkt besteht im Ausschluß "uninteressanter" Schleifendurchläufe durch vorgezogene Prüfung monadischer Vergleichsterme. Ein Schleifendurchlauf ist uninteressant, wenn er auf keinen Fall einen Beitrag zum Anfrageergebnis leistet. Beispiel 3.3 zeigt eine entsprechend modifizierte FOR EACH Schleife. Die Lesemenge setzt sich dort aus

```
CARD(professors) +
CARD(assprofs)*CARD(lectures) +
CARD(assprofs)*CARD(DBlects)*CARD(departments)
```

Elementen zusammen, wobei assprofs die Assistenzprofessoren und DBlects die Datenbankvorlesungen bezeichnen.

Beispiel 3.3: Beschränkung auf interessante Schleifendurchläufe.

```
result := { };
FOR EACH prof IN professors DO
  IF prof.status = assistant THEN
    somelect := FALSE;
    FOR EACH lect IN lectures DO
      IF lect.subject = databases THEN
        somedept := FALSE;
        FOR EACH dept IN departments DO
          IF dept.dtype = computer_science THEN
            somedept := somedept OR
                     prof.pnr=lect.pnr AND lect.dnr=dept.dnr
          END
        END;
        somelect := somelect OR somedept
      END
    END;
    IF somelect THEN result :+ {<prof.pname>} END
  END
END;
```

Eine Instantiierung von Zwischenergebnissen führt immer dann zu einer merklichen Kostenreduktion, wenn zumindest ein Teil der temporären Relationen in einen Hauptspeicherpuffer paßt. In Beispiel 3.4 werden drei Zwischenergebnisse (assprofs, DBlects und CSdepts) erzeugt, was mit CARD(professors) + CARD(lectures) + CARD(departments) Elementzugriffen verbunden ist. Die nachfolgende Iteration über die temporären Relationen vergrößert die Lesemenge zusätzlich um

```
CARD(assprofs) +
CARD(assprofs)*CARD(DBlects) +
CARD(assprofs)*CARD(DBlects)*CARD(CSdepts)
```

Elemente, falls keine Pufferung möglich ist. Andererseits reduziert sich dieser Kostenanteil bei Pufferung von assprofs auf CARD(DBlects) + CARD(DBlects)*CARD(CSdepts) Elemente. Kapitel vier beschäftigt sich mit einem Auswertungsverfahren für eine spezielle Anfrageklasse, das extensiv von der Pufferung von Zwischenergebnissen Gebrauch macht.

Beispiel 3.4: Instantiierung von Teilrelationen.

```
assprofs := { };
FOR EACH p IN professors DO
  IF p.status = assistant THEN assprofs :+ { p } END;
END;

DBlects := { };
FOR EACH l IN lectures DO
  IF l.subject = databases THEN DBlects :+ { l } END;
END;

CSdepts := { };
FOR EACH d IN departments DO
  IF d.dtype = computer_science THEN CSdepts :+ { d } END;
END;

result := { };
FOR EACH a IN assprofs DO
  some-d := FALSE;
  FOR EACH d IN DBlects DO
    some-c := FALSE;
    FOR EACH c IN CSdepts DO
      some-c := some-c OR
                (a.pnr = d.pnr AND d.dnr = c.dnr)
    END;
    some-d := some-d OR some-c;
  END;
  IF some-d THEN result :+ { < a.pname > } END;
END;
```

Es bietet sich auch an, direkt auf die interessanten Teile der Bereichsrelationen zuzugreifen, falls entsprechende Zugriffspfade existieren. Bei einer Iteration über selektierte Relationenvariablen wie in Beispiel 3.5 besteht die Lesemenge nur noch aus

```
CARD(assprofs) +
CARD(assprofs)*CARD(DBlects) +
CARD(assprofs)*CARD(DBlects)*CARD(CSdepts)
```

Elementen. [Ibaraki und Kameda 84] befassen sich mit der Bestimmung günstiger Schachtelungsreihenfolgen von Variablen mit sortiert gespeicherten Bereichsrelationen.

Beispiel 3.5: Nutzung schneller Zugriffspfade.

```
SELECTOR withstatus (s: Status) FOR prel: ProfRelType;
BEGIN EACH p IN prel: p.status = s END withstatus;

SELECTOR withsubject (s: Subject) FOR lrel: LectRelType;
BEGIN EACH l IN lrel: l.subject = s END after;

SELECTOR oftype (t: DeptType) FOR drel: DeptRelType;
BEGIN EACH d IN drel: d.dtype = t END oftype;

result := { };
FOR EACH prof IN professors[withstatus(assistant)] DO
  somelect := FALSE;
  FOR EACH lect IN lectures[withsubject(databases)] DO
    somedept := FALSE;
    FOR EACH dept IN departments[oftype(computer_science)] DO
      somedept := somedept OR
                  prof.pnr=lect.pnr AND lect.dnr=dept.dnr
    END;
    somelect := somelect OR somedept
  END;
  IF somelect THEN result :+ {<prof.pname>} END
END;
```

Das Coddsche Schema zur Übersetzung relationaler Kalkülausdrücke in äquivalente Folgen von Algebraoperatoren bietet im wesentlichen zwei Ansatzpunkte für Verbesserungen:

1. Optimierung der Codeerzeugung (Codeoptimierung) durch bessere Nutzung des Instruktionssatzes, durch Verbesserung der erzeugten Instruktionsreihenfolge und durch Eliminierung überflüssiger Instruktionen.

2. Optimierung der Implementation der einzelnen Algebraoperatoren.

Gemäß der Algebradefinition aus Abschnitt 2.1.2 lassen sich Ausdrücke der Art Rest(Prod(rel$_1$,rel$_2$),a op b) durch einen äquivalenten Joinoperator ersetzen. Der Vorteil einer solchen Substitution besteht darin, daß ein Joinoperator wesentlich effizienter implementiert werden kann als eine Kombination aus kartesischem Produkt und Restriktion (siehe unten). Das Propagieren restringierender Operatoren (Projektion und Restriktion) über expandierende Operatoren (Join und Produkt) führt im allgemeinen zu einer Reduktion der Zwischenergebnisse [Smith und Chang 75]. Diese Optimierungstechnik korrespondiert direkt mit der vorgezogenen Prüfung monadischer Terme im Schleifenansatz. Schließlich ergibt die nähere Betrachtung von Beispiel 3.2, daß dort zwei der drei Projektionsoperatoren überflüssig sind. Beispiel 3.6 demonstriert den Effekt von Operatorsubstitution, Reihenfolgeänderung und Operatorelimination an der Standardanfrage.

Beispiel 3.6: Optimierung des Algebraausdrucks aus Beispiel 3.2.

Ursprüngliche Formulierung:

```
Proj(Proj(Proj((Rest(Rest(Rest(Rest(Rest(Prod(Prod(professors,
                                            lectures),
                                   departments),
                             status=assistant),
                       subject=databases),
                  dtype=computer_science),
            professors.pnr=lectures.pnr),
       lectures.dnr=departments.dnr),
   Attr(professors)+Attr(lectures)),
 Attr(professors)),
{pname})
```

Äquivalenter optimierter Ausdruck:

```
Proj(Join(Join(Rest(professors,
               status=assistant),
          pnr=pnr,
          Rest(lectures,
               subject=databases)),
     dnr=dnr,
     Rest(departments,
          dtype=computer_science)),
{pname})
```

Optimierungsbemühungen bezüglich der Operatorimplementation konzentrieren sich vor allem auf den Joinoperator. Ihr Ziel ist die Reduktion der Lesemenge durch Nutzung vorhandener Zugriffspfade. Im folgenden seien die drei wichtigsten Implementationsmethoden kurz vorgestellt.

Die **Schleifenmethode** realisiert den einfachsten Ansatz zur Joinimplementation [Blasgen und Eswaran 76]. Die Joinbedingung wird hier in allen Kombinationen von Elementen der beiden Operandenrelationen geprüft. Die Schleifenmethode basiert auf sequentiellem Zugriff und hat somit die geringste Anforderung an die zugrundeliegende Speicherstruktur. Andererseits sind ihre Kosten relativ hoch: $CARD(rel_1)$ + $CARD(rel_1)*CARD(rel_2)$ Zugriffe.

```
PROCEDURE Join (rel₁: Rel₁Type; rel₂: Rel₂Type): ResultType;
VAR
  result: ResultType;
BEGIN (* Schleifenmethode *)
  result := { };
  FOR EACH r₁ IN rel₁ DO
    FOR EACH r₂ IN rel₂ DO
      IF r₁.a = r₂.b THEN result :+ { <r₁,r₂> } END;
    END;
  END;
  RETURN result;
END Join;
```

Unter der Voraussetzung, daß die Elemente der Operandenrelationen in aufsteigender Reihenfolge der Joinattribute gespeichert sind, reduziert die **Mischmethode** [Blasgen und Eswaran 76] die Lesemenge auf circa $CARD(rel_1)$ + $CARD(rel_2)$ Elemente. Die Relationen rel_1 und rel_2 werden quasi parallel in aufsteigender Reihenfolge von Joinattributwerten gelesen. Bei Teilrelationen mit identischen Joinattributwerten ist die Bildung des kartesischen Produkts erforderlich (aus diesem Grunde ist $CARD(rel_1)$ + $CARD(rel_2)$ nur eine untere Schranke für die Anzahl der zu erwartenden Elementzugriffe).

```
PROCEDURE Join (rel₁: Rel₁Type; rel₂: Rel₂Type): ResultType;
VAR
  r₁: Rec₁Type; r₂: Rec₂Type; value: JoinAttrType;
  temp₁: Rel₁Type; temp₂: Rel₂Type; result: ResultType;
BEGIN (* Mischmethode *)
  LOWEST(rel₁,'a',r₁); LOWEST(rel₂,'b',r₂); result := { };
  WHILE NOT (EOR(rel₁) OR EOR(rel₂)) DO
    IF r₁.a = r₂.b THEN
      temp₁ := { }; temp₂ := { }; value := r₁.a;
      REPEAT temp₁ :+ { r₁ }; NEXT(rel₁,'a',r₁);
      UNTIL EOR(rel₁) OR r₁.a ≠ value;
      REPEAT temp₂ :+ { r₂ }; NEXT(rel₂,'b',r₂);
      UNTIL EOR(rel₂) OR r₂.b ≠ value;
      result :+ Prod(temp₁,temp₂);
    ELSIF r₁.a < r₂.b THEN
      REPEAT NEXT(rel₁,'a',r₁) UNTIL EOR(rel₁) OR r₁.a ≥ r₂.b;
    ELSE (* r₁.a > r₂.b *)
      REPEAT NEXT(rel₂,'b',r₂) UNTIL EOR(rel₂) OR r₁.a ≤ r₂.b;
    END;
  END;
  RETURN result;
END Join;
```

Die **Indexmethode** [Klug 82a] setzt voraus, daß das Joinattribut einer der beiden Operandenrelationen (beispielsweise rel_2) indiziert ist. Parallel zum sequentiellen Zugriff auf rel_1 wird mit Hilfe eines Selektors

```
SELECTOR withb FOR rel: Rel2Type (bval: JoinAttrType);
BEGIN EACH r IN rel: r.b = bval END withb;
```

direkt auf rel_2 zugegriffen. Dazu sind etwa $2*CARD(rel_1)$ Zugriffe erforderlich.

```
PROCEDURE Join (rel1: Rel1Type; rel2: Rel2Type): ResultType;
VAR
   result: ResultType;
BEGIN (* Indexmethode *)
  result := { };
  FOR EACH r1 IN rel1 DO
    result :+ Prod({r1},rel2[withb(r1.a)]);
  END;
  RETURN result;
END Join;
```

Weitere Methoden zur Joinimplementation sind in [Rothnie 75; Blasgen und Eswaran 77; Clausen 80; Kim 80; Menon und Hsiao 81; Merrett et al. 81; Bitton et al. 83; Valduriez und Gardarin 84] beschrieben. Es handelt sich dabei sowohl um Verfeinerungen der drei Basismethoden als auch um Anpassungen an spezielle Betriebssysteme oder Hardwareumgebungen.

3.3 Optimierungstechniken

Nach einer kurzen Diskussion der Ziele und Randbedingungen von Optimierungen im Rahmen der Anfrageauswertung werden im folgenden zwei Klassen von Optimierungstechniken vorgestellt, die bezüglich des Zeitpunkts ihrer Anwendbarkeit ein komplementäres Verhalten aufweisen. Transformationstechniken sind zum großen Teil datenunabhängig und können somit schon während der Übersetzung von Datenbankprogrammen angewendet werden. Techniken zur Zugriffsplanung dagegen setzen zumeist die Kenntnis des aktuellen Datenbankzustands voraus. Ihre Anwendbarkeit ist demnach auf den Zeitpunkt der Programmausführung beschränkt. Das Kapitel schließt mit der Entwicklung einer generellen Optimierungsstrategie, welche die verschiedenen Techniken zur Anfrageoptimierung integriert.

3.3.1 Ziele und Grenzen

Der Zeitraum, den die Auswertung einer relationalen Anfrage mit einem gegebenen Verfahren in Anspruch nimmt, die sogenannte Antwortzeit, läßt sich mit Hilfe einer Kostenfunktion abschätzen. Kostenfunktionen enthalten gewöhnlich die folgenden Parameter:

CPU-Kosten: Kosten, die bei der Benutzung der Zentraleinheit entstehen (z.B. gemessen in der Anzahl ausgeführter Maschineninstruktionen).

Ein/Ausgabekosten: Kosten, die bei der Benutzung von Ein/Ausgabekanälen entstehen (z.B. gemessen in der Anzahl durchgeführter Hintergrund-speicherzugriffe).

Kommunikationskosten: Kosten, die bei der Benutzung von Kommunikationskanälen in einem Rechnerverbund entstehen (z.B. gemessen in der Anzahl von Datenblöcken, die zwischen unterschiedlichen Knotenrechnern übertragen werden).

Ziel einer Anfrageoptimierung ist es, die Anfrageauswertung so zu gestalten, daß sie eine gewählte Kostenfunktion minimiert.

Optimierungen in verteilten Systemen konzentrieren sich zumeist auf eine Minimierung der Kommunikationskosten, da die Datenübertragung in einem Rechnernetz am stärksten zur Verlängerung der Antwortzeit beiträgt [Bayer et al. 84]. Eine Ausnahme bildet der in [Williams et al. 82] beschriebene Ansatz, welcher auf einer gewichteten Summe aus den oben genannten Kostenarten basiert.

In zentralisierten Systemen, und solche werden in dieser Arbeit vorwiegend betrachtet, dominieren die Ein/Ausgabekosten [Smith und Chang 75]. Allerdings wäre es insbesondere im Kontext der Auswertung komplexer Anfragen falsch, die entstehenden CPU-Kosten völlig zu ignorieren [Gotlieb 75]. Hier ist auch zu beachten, daß derjenige Teil der Optimierung, welcher zur Laufzeit des Datenbankprogramms durchgeführt wird, ebenfalls die Beantwortung der Anfrage verzögert. Optimierungs-techniken mit geringen CPU-Kosten existieren nur für spezielle Anfrageklassen [Aho et al. 79b]. Schon die Eliminierung überflüssiger dyadischer Terme in einem konjunktiven Ausdruck ist äußerst aufwendig [Chandra und Merlin 77]. Somit ist es erstrebenswert, möglichst viele Techniken bereits zur Zeit der Übersetzung von Datenbankprogrammen anzuwenden.

Andererseits beruhen manche Optimierungstechniken auf umfangreicher Information über den aktuellen Datenbankzustand (Existenz von schnellen Zugriffspfaden, Kardinalität von Relationen, etc.). Solche Informationen sind jedoch im allgemeinen zur Übersetzungszeit noch nicht verfügbar.

Der Begriff der Optimierung sollte deshalb im Kontext der Auswertung beliebiger relationaler Kalkülausdrücke relativiert werden. Die Suche nach dem Optimum ist zum einen durch die beschränkte Verfügbarkeit von Informationen über den Datenbankzustand und zum anderen durch den Aufwand der Suche selbst begrenzt. Unter Anfrageoptimierung wird daher im folgenden die Anwendung heuristischer Techniken verstanden, die zwar zu einer Verkürzung der Antwortzeit (bzw. zu einer Verringerung der Auswertungskosten) beitragen, aber nicht notwendigerweise das absolute Minimum erreichen.

3.3.2 Anfragetransformation

Im allgemeinen existieren mehrere äquivalente Formulierungen für ein und dieselbe Anfrage. Dieser Abschnitt beschäftigt sich mit Techniken zur Transformation von Anfragen in eine semantisch äquivalente Form, die entweder von vorneherein mit geringeren Auswertungskosten assoziiert ist, oder die sich zumindest für die Anwendung weiterer Optimierungstechniken besser eignet als die Originalformulierung. Anfragetransformation hat drei Aspekte:

1. Konstruktion eines standardisierten Ausgangspunkts für das gewählte Auswertungsverfahren – Standardisierung;

2. Eliminierung redundanter Anfrageteile – Vereinfachung;

3. Dekomposition der Anfrage in handhabbare Komponenten – Zerlegung.

Die Tabellen 3.1 und 3.2 enthalten die grundlegenden Transformationsregeln des relationalen Kalküls. Bis auf wenige Ausnahmen sind diese Regeln unabhängig vom aktuellen Datenbankzustand, wodurch sie schon zur Zeit der Übersetzung von Datenbankprogrammen angewendet werden können.

Für die in Abschnitt 2.1.1 eingeführten Selektionsprädikate existieren auch strengere syntaktische Definitionen, sprich Normalformen, die bezüglich der Position von Quantoren oder bezüglich der Anordnung von Termen zusätzliche Anforderungen stellen. So ist ein Prädikat in **Pränex Normalform**, wenn es die Form

$$quant_1 \; r_1 \; IN \; rel_1 \; .. \; quant_n \; r_n \; IN \; rel_n \; (\; M \;)$$

hat, wobei $quant_i \in \{SOME, ALL\}$ und die **Matrix** M ein quantorenfreies Prädikat ist. Die der Matrix vorangehenden (quantifizierten) Bereichsterme werden als **Präfix** bezeichnet.

B_1: Kommutativität

  a) $pred_1$ OR $pred_2$ <==> $pred_2$ OR $pred_1$

  b) $pred_1$ AND $pred_2$ <==> $pred_2$ AND $pred_1$

B_2: Assoziativität

  a) ($pred_1$ OR $pred_2$) OR $pred_3$ <==> $pred_1$ OR ($pred_2$ OR $pred_3$)

  b) ($pred_1$ AND $pred_2$) AND $pred_3$ <==> $pred_1$ AND ($pred_2$ AND $pred_3$)

B_3: Distributivität

  a) $pred_1$ OR ($pred_2$ AND $pred_3$) <==> ($pred_1$ OR $pred_2$) AND ($pred_1$ OR $pred_3$)

  b) $pred_1$ AND ($pred_2$ OR $pred_3$) <==> ($pred_1$ AND $pred_2$) OR ($pred_1$ AND $pred_3$)

B_4: Idempotenz

  a) pred OR pred   <==> pred

  b) pred AND pred   <==> pred

  c) pred OR NOT(pred)   <==> TRUE

  d) pred AND NOT(pred)   <==> FALSE

  e) $pred_1$ AND ($pred_1$ OR $pred_2$) <==> $pred_1$

  f) $pred_1$ OR ($pred_1$ AND $pred_2$) <==> $pred_1$

  g) pred OR FALSE   <==> pred

  h) pred AND TRUE   <==> pred

  i) pred OR TRUE   <==> TRUE

  j) pred AND FALSE   <==> FALSE

B_5: De Morgan

  a) NOT ($pred_1$ AND $pred_2$)   <==> NOT ($pred_1$) OR NOT ($pred_2$)

  b) NOT ($pred_1$ OR $pred_2$)   <==> NOT ($pred_1$) AND NOT ($pred_2$)

B_6: Doppelte Verneinung

    NOT (NOT (pred))   <==> pred

__Tabelle 3.1__: Regeln für beliebige Auswahlbedingungen.

Q_1: SOME r_1 IN rel_1 SOME r_2 IN rel_2 (pred)
   <==>
   SOME r_2 IN rel_2 SOME r_1 IN rel_1 (pred)

Q_2: ALL r_1 IN rel_1 ALL r_2 IN rel_2 (pred)
   <==>
   ALL r_2 IN rel_2 ALL r_1 IN rel_1 (pred)

Q_3: SOME r IN rel ($pred_1$ OR $pred_2$)
   <==>
   SOME r_1 IN rel ($pred_1$) OR SOME r_2 IN rel ($pred_2$)

Q_4: ALL r IN rel ($pred_1$ AND $pred_2$)
   <==>
   ALL r_1 IN rel ($pred_1$) AND ALL r_2 in rel ($pred_2$)

Q_5: NOT ALL r IN rel (pred) <==> SOME r IN rel (NOT(pred))

Q_6: NOT SOME r IN rel (pred) <==> ALL r IN rel (NOT(pred))

   Es sei PV($pred_i$) die Menge der im Prädikat $pred_i$ enthaltenen
   Variablen. Dann gilt für NOT(r $\in$ PV($pred_1$)):

Q_7: SOME r IN rel ($pred_1$) <==> a) FALSE : rel = { }
                                  b) $pred_1$: rel $\neq$ { }

Q_8: ALL r IN rel ($pred_1$) <==> a) TRUE : rel = { }
                                 b) $pred_1$: rel $\neq$ { }

Q_9: $pred_1$ AND SOME r IN rel($pred_2$) <==> SOME r IN rel($pred_1$ AND $pred_2$)

Q_{10}: $pred_1$ OR SOME r IN rel ($pred_2$)
      <==>
   a) $pred_1$: rel = { }
   b) SOME r IN rel ($pred_1$ OR $pred_2$) : rel $\neq$ { }

Q_{11}: $pred_1$ AND ALL r IN rel ($pred_2$)
      <==>
   a) $pred_1$: rel = { }
   b) ALL r in rel ($pred_1$ AND $pred_2$) : rel $\neq$ { }

Q_{12}: $pred_1$ OR ALL r IN rel ($pred_2$)
      <==>
   ALL r IN rel ($pred_1$ OR $pred_2$)

   Falls NOT(r $\in$ PV($pred_1$)) und NOT(r $\in$ PV($pred_2$)) dann gilt auch:

Q_{13}: SOME r IN rel ($pred_1$ AND $pred_2$)
      <==>
   SOME r_1 IN rel ($pred_1$) AND SOME r_2 IN rel ($pred_2$)

Q_{14}: ALL r IN rel ($pred_1$ OR $pred_2$)
      <==>
   ALL r_1 IN rel ($pred_1$) OR ALL r_2 IN rel ($pred_2$)

Tabelle 3.2: Regeln für quantifizierte Auswahlbedingungen.

Auch für die quantorenfreie Matrix gibt es verschiedene Normalformen. Bei einer Matrix bestehend aus disjunktiv verknüpften Konjunktionen (über Termen t_i)

$$(t_1 \text{ AND .. AND } t_j) \text{ OR .. OR } (t_k \text{ AND .. AND } t_n)$$

spricht man von **disjunktiver Normalform** und entsprechend bei konjunktiv verknüpften Disjunktionen

$$(t_1 \text{ OR .. OR } t_j) \text{ AND .. AND } (t_k \text{ OR .. OR } t_n)$$

von **konjunktiver Normalform**.

Der Codd-Algorithmus aus Abschnitt 3.2.2 setzt voraus, daß eine Anfrage in disjunktiver Pränex Normalform (DPNF) vorliegt. **Standardisierung** durch Überführung in DPNF begünstigt die Zerlegung von Anfragen in voneinander unabhängig auswertbare Komponenten [Bernstein et al. 81; Jarke und Schmidt 82]. Konjunktive Normalformen dagegen unterstützen das Zurückweisen potentieller Ergebniselemente, wenn sie die Auswahlbedingung (zum Teil) nicht erfüllen [Wong und Youssefi 76; Selinger et al. 79].

Zur Erzeugung von (konjunktiver oder disjunktiver) Pränex Normalform werden Regeln zum "Verschieben" von Bereichstermen (Q_9 bis Q_{13}), zur Eliminierung des Junktors NOT (Q_5, Q_6, B_5, B_6) und zur Verteilung von Vergleichstermen (B_3) benutzt [Koch 79]. Abschnitt 5.2.3 beschreibt einen zweistufigen Algorithmus zur Transformation von relationalen Kalkülausdrücken in DPNF. Die Datenabhängigkeit der Regeln Q_{10} und Q_{11} wird dort durch eine nachgeschaltete Laufzeitkorrektur im Falle leerer Bereichsrelationen berücksichtigt.

Ziel der **Anfragevereinfachung** ist die Eliminierung redundanter Anfrageteile [Hall 76; Stroet und Engmann 79]. Redundanz kommt vor allem dann ins Spiel, wenn sich eine Anfrage ursprünglich auf abgeleitete Relationen bezieht, welche vor der eigentlichen Anfrageauswertung aus den entsprechenden, in der Definition der Benutzersicht festgelegten, Basisrelationen konstruiert werden [Ott und Horländer 82; Rosenthal und Reiner 82b]. Im relationalen Kalkül liefern die sogenannten Idempotenzregeln (B_4) die Grundlage zur Anfragevereinfachung. Idempotenzregeln gelten allerdings nicht nur für einzelne Terme, sondern auch für Teilausdrücke beliebiger Komplexität. Das Erkennen gemeinsamer Teilausdrücke spielt deshalb eine wichtige Rolle. [Hall 74] beschreibt einige Algorithmen zur Erkennung gemeinsamer Teilausdrücke.

Die Eliminierung redundanter Anfrageteile ist ein zeitaufwendiger Prozeß. Selbst für die Klasse der konjunktiven Anfragen (AND-verknüpfte Terme, freie oder existentiell quantifizierte Variablen) ist das Problem der Eliminierung überflüssiger dyadischer Terme NP-vollständig [Chandra und Merlin 77]. Nur eine Teilklasse davon läßt sich mit polynomiellem Zeitaufwand vereinfachen [Aho et al. 79a,b]. Der Algorithmus arbeitet auf einer speziellen tabellarischen Anfragerepräsentationsform. Zusätzlich zu einigen Idempotenzregeln (insbesondere Regel B_{4b}) nutzt er gegebene Integritätsbedingungen (z.B. funktionale Abhängigkeiten) aus.

Ein anderer Ansatz zur Vereinfachung von Anfragen prüft die Erfüllbarkeit von Auswahlbedingungen [Rosenkrantz und Hunt 80]. Beispielsweise enthält der Ausdruck

$$r_1.a \geq r_2.b \text{ AND } r_2.b > r_3.c \text{ AND } r_3.c \geq r_1.a$$

den Widerspruch $r_1.a > r_1.a$ und ist deshalb äquivalent zum booleschen Term FALSE. Die Einbeziehung der Semantik von Vergleichsoperatoren kann auch dazu genutzt werden, dyadische Terme durch monadische zu ersetzen [King 79].

$$r_1.a \text{ op } r_2.b \text{ AND } r_2.b = \text{const} <==> r_1.a \text{ op const AND } r_2.b = \text{const}$$

Diese Technik hat zwei Aspekte. Zum einen ist sie mit der Stärkereduktion in der traditionellen Codeoptimierung vergleichbar [Aho und Ullman 77] und zum anderen trägt sie zum Auffinden von Widersprüchen bei [Rosenkrantz und Hunt 80].

Auch der Datenbankzustand gibt Anlaß zu Vereinfachungen [Hall 76]. Tabelle 3.3 enthält die entsprechenden Transformationsregeln für Kalkülausdrücke mit leeren Bereichsrelationen. Diese Regeln ergeben sich direkt aus der Mehrsortigkeit des relationalen Kalküls (vgl. Abschnitt 2.1.1).

L_1: { EACH r in { }: pred }   <==> { }

L_2: { <r.a_1,..,r.a_n> OF EACH r IN { }: pred } <==> { }

L_3: SOME r IN { } (pred)   <==> FALSE

L_4: ALL r IN { } (pred)   <==> TRUE

<u>Tabelle 3.3</u>: Transformationsregeln für Ausdrücke mit leeren Bereichsrelationen.

Unter **Anfragezerlegung** versteht man ganz allgemein die Dekomposition einer Anfrage in logisch zusammenhängende Bestandteile. Auch die oben beschriebenen Prinziplösungen zur Anfrageauswertung können als Zerlegungsverfahren aufgefaßt werden. Sie zerlegen einen relationalen Kalkülausdruck in Komponenten mit je einer Variablen (monadische Ausdrücke im Inneren von FOR EACH Schleifen) bzw. in Komponenten mit maximal zwei Variablen (Operatoren der relationalen Algebra). Die Diskussion der Beispiele 3.1 und 3.2 macht jedoch deutlich, daß Anfragezerlegung per se nicht notwendigerweise zu einer kostengünstigen Auswertung führt. Wichtig ist deshalb eine gezielte Anwendung der Zerlegung in dem Sinne, daß auch die Reihenfolge der Auswertung von Komponenten unterschiedlicher Qualität berücksichtigt wird (z.B. monadische Ausdrücke vor dyadischen).

Gezielte Anfragezerlegung hängt sehr stark mit der Klassifikation von Anfragen (von Anfragekomponenten) zusammen. Die Kapitel vier und fünf beschäftigen sich deshalb ausführlich mit einem Klassifikationsschema, das auf strukturellen Eigenschaften von Anfragen beruht, und mit einer korrespondierenden Zerlegungsstrategie, die einen gegebenen Kalkülausdruck in seine strukturell unterschiedlichen Bestandteile zerlegt.

3.3.3 Zugriffsplanung

Der klassische Aufsatz zur Zugriffsplanung [Selinger et al. 79] beschreibt, wie im relationalen Datenbanksystem System/R [Astrahan et al. 76] Entscheidungen bezüglich der Auswahl von Elementaroperationen zur Prüfung monadischer Terme und bezüglich Implementationsmethode und Auswertungsreihenfolge von dyadischen Termen getroffen werden. Es geht dort um das sogenannte "Endspiel" [Youssefi und Wong 79], welches die endgültige Sequenz von Elementaroperationen, auch **Zugriffsplan** genannt, festlegt.

Zugriffsplanung berücksichtigt die Selektivität von Auswahlbedingungen (den erwarteten Anteil von Ergebniselementen in einer Bereichsrelation), die Kardinalität von Relationen, die Existenz schneller Zugriffspfade und andere Informationen über den aktuellen Datenbankzustand. Unterschiedliche Planungsmethoden differieren vorwiegend in der Anzahl der erzeugten Zugriffspläne, im Zeitpunkt der Planbewertung und im benutzten Kostenmodell [Jarke et al. 84].

Die Anzahl der erzeugten Zugriffspläne beeinflußt zum einen die Wahrscheinlichkeit, daß ein effizienter Plan gefunden wird und zum anderen den Aufwand für die Planung selbst. [Smith und Chang 75] und [Yao 79] beschreiben zwei in dieser Hinsicht extreme Ansätze. Bei einer a priori Beschränkung auf einen einzigen Zugriffsplan wie in [Smith und Chang 75] entfällt die zumeist aufwendige Bewertung und Auswahl von Plänen. Allerdings besteht die Gefahr, daß nur ein relativ ineffizienter Plan erzeugt wird. In [Yao 79] werden dagegen für einen festen Satz von Auswertungsoptionen (vorhandene Zugriffspfade, berücksichtigte Methoden zur Auswertung dyadischer Terme) alle möglichen Zugriffspläne erzeugt. Während dieser enumerative Ansatz für eine eingeschränkte Klasse von Anfragen vertretbar sein mag, ist er für den uneingeschränkten Kalkül zu aufwendig.

Kompromißlösungen sind in [Selinger et al. 79] und [Youssefi und Wong 79] beschrieben. Anfragen werden dort in Komponenten mit geringerer Komplexität zerlegt, für die jeweils alle möglichen Pläne generiert werden. Auf einer höheren Ebene findet dann die Planung der Komponentenkombination statt. In verteilten Systemen spricht man in diesem Zusammenhang von lokaler und globaler Zugriffsplanung [Bernstein et al. 81; Smith et al. 81].

Ein anderes Unterscheidungsmerkmal für Methoden zur Zugriffsplanung ist der Zeitpunkt, zu dem die Bewertung der Pläne stattfindet. Beispielsweise werden in [Blasgen und Eswaran 76] und [Yao 79] die Pläne erst bewertet, nachdem sie erzeugt worden sind. Daraus resultiert die Möglichkeit, die erzeugten Pläne vollständig zu bewerten. Vollständige Bewertung ist aber sehr aufwendig und eignet sich deshalb ebenso wie die enumerative Plangenerierung nur für eine eingeschränkte Anfrageklasse [Blasgen und Eswaran 76; Yao und Dejong 78; Yao 79; Chiu und Ho 80; Chiu et al. 81; Gouda und Dayal 81; Gavish und Segev 82] oder für eine weitgehend festgelegte Systemumgebung [Hevner und Yao 79; Chu und Hurley 82; Kerschberg et al. 82].

Alternativ dazu kann ein Zugriffsplan auch während seiner Erzeugung bewertet werden. Inkrementelle Planbewertung reduziert den Aufwand für die Optimierung insbesondere bei einer gemeinsamen Bewertung identischer (Teil-) Pläne [Rosenthal und Reiner 82a]. Außerdem kann auf die vollständige Erzeugung eines Plans verzichtet werden, wenn sich bei der Bewertung eines bereits generierten Teilplans herausstellt, daß andere, mit geringeren Kosten verbundene Pläne existieren.

Im extremen Fall gehen Planerzeugung, Planbewertung, und Planausführung Hand in Hand. Nach jedem Auswertungsschritt muß dann lediglich eine Entscheidung bezüglich des nächsten Schritts getroffen werden. Der Vorteil dieser Methode liegt in der Verfügbarkeit aktueller Informationen über den Datenbankzustand. Andererseits besteht die Gefahr, daß bei geringer Vorausschau oder gar bei einem vollständigen Verzicht darauf nur ein lokales Optimum gefunden wird [Youssefi und Wong 79; Bernstein et al. 81].

Schließlich bedarf die Bewertung selbst noch einiger Anmerkungen. Die Bewertung von Zugriffsplänen richtet sich nach dem angestrebten Optimierungsziel. Sie beruht auf Modellen zur Ermittlung der Kosten für die Auswertung von Anfragekomponenten

(Datentransporte in einem Rechnernetz, Sekundärspeicherzugriffe, etc.) in Abhängigkeit von der Größe der beteiligten Relationen, von der Selektivität von Auswahlbedingungen, von der Art der verfügbaren Zugriffspfade und von anderen Parametern.

Immer dann, wenn Planbewertung und Planausführung zu unterschiedlichen Zeitpunkten stattfinden ist die Zugriffsplanung auf Schätzungen für die Modellparameter angewiesen [Demolombe 80; Richard 81; Gelenbe und Gardy 82; Christodoulakis 83]. Gewöhnlich werden zugunsten geringerer Komplexität des Modells vereinfachende Annahmen getroffen. Beispiele hierfür sind Gleichverteilung von Attributwerten und Unabhängigkeit von Attributen innerhalb von Relationen. [Christodoulakis 81,84] untersucht die Auswirkungen solcher Annahmen auf die Güte von Zugriffsplanungen. Es stellt sich heraus, daß vereinfachende Annahmen häufig zu pessimistischen Schätzungen führen (größere Zwischenergebnisse, geringere Selektivität), wodurch in manchen Fällen auf die Nutzung schneller Zugriffspfade verzichtet wird, obwohl sie zu einer Reduktion der Auswertungskosten beitragen würde. Im Extremfall machen fehlerhafte Schätzungen eine Wiederholung der Zugriffsplanung mit den aktuell gültigen Modellparametern erforderlich [Chamberlin et al. 79; Ng 82].

3.3.4 Eine generelle Optimierungsstrategie

Mehrere operationale Anfragesubsysteme basieren auf punktuell verbesserten Prinziplösungen zur Anfrageauswertung, die durch Integration ausgewählter Techniken zur Anfragetransformation und Zugriffsplanung entstanden sind. Beispielsweise konzentriert sich der Palermo-Algorithmus [Palermo 72] auf die Optimierung der ersten beiden Phasen der Prinziplösung aus Abschnitt 3.2.2. Im einzelnen realisiert er die vorgezogene Prüfung monadischer Terme, die parallele Prüfung mehrerer monadischer Terme bezüglich derselben Bereichsrelation und die Substitution von kartesischem Produkt und Restriktion durch äquivalente Joinoperatoren. Mit dem Ziel, die Größe von Zwischenergebnissen auf ein Minimum zu beschränken, werden zum einen die Kardinalität von Relationen und die Selektivität von Joinbedingungen bei der Bestimmung der Auswertungsreihenfolge von Joinoperatoren berücksichtigt (least growth principle) und zum anderen die Zwischenergebnisse selbst durch interne Speicherung von Elementreferenzen anstelle von Elementwerten komprimiert. Im Gegensatz zum Codd-Algorithmus unterscheidet der Palermo-Algorithmus nur noch drei Phasen:

1. Kollektion und Kompression – Einlesen monadisch eingeschränkter Bereiche und komprimierte Interndarstellung im Hauptspeicher;

2. Kombination – Auswertung der einzelnen Konjunktionen, Vereinigung derselben und Quantorenauswertung;

3. Dekompression – Ersetzen von Elementreferenzen durch Werte der referenzierten Elemente.

Im Rahmen des relationalen Datenbanksystems Pascal/R [Schmidt 77] ist der Palermo-Algorithmus noch in einigen Punkten verbessert worden [Jarke und Schmidt 81,82]. Durch geschickte Anordnung der Einlesereihenfolge gelingt es dort, einzelne dyadische Terme schon beim Zugriff auf die Bereichsrelationen auszuwerten. Interne Zwischenergebnisse werden in vielen Fällen zusammengefaßt, und die vorgezogene Prüfung monadischer Terme wird auch auf universell quantifizierte Variablen angewandt. Darüberhinaus erfolgt die Quantorenauswertung in speziellen Fällen schon in der Kollektionsphase. Zusammenfassend realisieren diese Optimierungsbemühungen eine Vorverlegung von Teilen der Kombinationsphase in die Kollektionsphase, wodurch sich die Größe von Zwischenergebnissen und damit die Anzahl von Elementzugriffen reduziert.

Parallel zur punktuellen Verbesserung von generell anwendbaren Auswertungsverfahren sind auch dedizierte Verfahren für spezielle Klassen von Anfragen entwickelt worden. Beispiele hierfür sind die verschiedenen Implementationsmethoden für einzelne dyadische Terme (Joinoperatoren) sowie Verfahren für gewisse Klassen konjunktiv verknüpfter Ausdrücke [Yao 79; Bernstein und Chiu 81; Goodman und Shmueli 82a-c; Dayal 83] und für Ausdrücke mit Aggregatfunktionen [Klug82a; Wiilard 84]. Beide Ansätze, die punktuelle Verbesserung allgemein anwendbarer Verfahren auf der einen und die Nutzung von Spezialverfahren auf der anderen Seite, sind in der folgenden generellen Optimierungsstrategie integriert:

1. Transformiere die Benutzeranfrage unter dem Aspekt der Standardisierung, Vereinfachung und Zerlegung, so daß überflüssige Anfrageteile eliminiert und Komponenten, die speziellen Auswertungsverfahren zugänglich sind, isoliert werden.

2. Weise den einzelnen Komponenten der transformierten Anfrage ein günstiges Auswertungsverfahren zu und konstruiere schließlich die Ergebnisrelation aus den einzelnen Zwischenergebnissen.

Die beiden folgenden Kapitel konzentrieren sich auf die Aspekte der Klassifikation und Zerlegung von Anfragen. Sie identifizieren eine Klasse von effizient auswertbaren Anfragen anhand ihrer syntaktischen Struktur und beschreiben einen Algorithmus, der zur Zeit der Übersetzung von Datenbankprogrammen eine gezielte Zerlegung von relationalen Kalkülausdrücken in getrennt auswertbare Komponenten vornimmt. Diese Komponenten werden dann zur Laufzeit des Datenbankprogramms mit einem ihrer Natur entsprechenden Verfahren ausgewertet.

4.   <u>Strukturelle Anfrageklassifikation</u>

Die meisten der bislang veröffentlichten Auswertungsverfahren und Optimierungstechniken sind speziellen Anfrageklassen zugeordnet [Jarke und Koch 84]. Die in
diesem Zusammenhang benutzten Klassifikationsschemata beruhen jeweils auf einem
bestimmten Anfragemerkmal.

Ein Ansatzpunkt zur Differenzierung besteht in der Anzahl der Variablen.
[Blasgen und Eswaran 76] und [Yao 79] unterscheiden Ausdrücke mit einer, mit zwei und
solche mit beliebig vielen Variablen. Die Relevanz von ein-Variablen-Anfragen
resultiert vor allem aus der Existenz von ein- und mehrdimensionalen Indexen, welche
die Auswertung einzelner und konjunktiv verknüpfter monadischer Terme als
Elementaroperation zur Verfügung stellen. Die Klasse der zwei-Variablen-Anfragen ist
durch die Beobachtung motiviert, daß viele n-Variablen-Anfragen in Komponenten mit je
zwei Variablen zerlegt werden können [Wong und Youssefi 76].

Die Art der im Ausdruck enthaltenen Junktoren und Quantoren bietet eine
zusätzliche Möglichkeit zur Klassifikation. Ausdrücke mit konjunktiv verknüpften
Termen über freie und existentiell quantifizierte Variablen, die sogenannten
konjunktiven Anfragen [Chandra und Merlin 77; Aho et al. 79a; Rosenkrantz und
Hunt 80], spielen dabei eine besondere Rolle.

In neuerer Zeit dient die Struktur spezieller graphischer Repräsentationen zur
weiteren Differenzierung konjunktiver Anfragen. Die Eigenschaften der sogenannten
baumartigen [Bernstein und Chiu 81; Goodman und Shmueli 82a] und zyklischen Anfragen
[Goodman und Shmueli 81; Kambayashi und Yoshikawa 83] wurden bislang jedoch nur im
Kontext verteilter Datenbanken untersucht.

Dieses Kapitel beschäftigt sich mit der strukturellen Klassifikation von
relationalen Kalkülausdrücken, die sowohl existentiell als auch universell
quantifizierte Variablen enthalten und deren Terme auch disjunktiv verknüpft sein
können. Mithilfe eines modifizierten Kalküls wird eine allgemeinere Klasse von
baumartigen Anfragen - die gutartigen Ausdrücke - definiert. Parallel dazu wird ein
effizientes Auswertungsverfahren für gutartige Ausdrücke in zentralisierten Systemen
hergeleitet. Schließlich wird gezeigt, daß manche Ausdrücke, die auf den ersten Blick
bösartig erscheinen, in äquivalente gutartige Ausdrücke transformiert werden können.

4.1 Spezialisierte Repräsentationsformen

Im Kontext der Anfrageklassifikation finden graphische, tabellarische und andere spezialisierte Interndarstellungen von relationalen Kalkülausdrücken Verwendung [Jarke und Koch 84]. Dieser Abschnitt beschreibt zwei Repräsentationsformen, welche die Grundlage zur Definition und zur strukturellen Charakterisierung einer besonders effizient auswertbaren Klasse von Anfragen bilden.

4.1.1 Anfragegraphen

In mehreren Teilgebieten der Informatik werden Graphen zur Analyse strukturierter Objekte herangezogen: Syntaxgraphen im Bereich des Übersetzerbaus, Strategiegraphen in der künstlichen Intelligenz, Wartegraphen im Bereich der Betriebssysteme, etc. Im Kontext der Anfrageoptimierung eignen sich graphische Repräsentationsformen - sogenannte Anfragegraphen - zur Analyse und Darstellung struktureller Eigenschaften von Anfragen ebenso wie zur Beschreibung spezieller Verfahren zur Anfrageauswertung [Palermo 72; Smith und Chang 75; Wong und Youssefi 76; Yao 79; Bernstein und Chiu 81].

Die in der Literatur aufgeführten Typen von Anfragegraphen unterscheiden sich ganz wesentlich in ihrer (Ausdrucks-) Mächtigkeit. Ein Beispiel für eine graphische Repräsentationsform, mit der beliebige Ausdrücke des relationalen Kalküls darstellbar sind, ist der Syntaxbaum. Syntaxbäume werden während der syntaktischen Analyse von Anfragen erzeugt, wobei Terme und Junktoren als Knoten, und syntaktische Zusammenhänge als Kanten repräsentiert werden. Die drei grundsätzlich möglichen Beziehungen zwischen den Geltungsbereichen (GB) zweier gebundener Variablen r_i und r_j, nämlich (1) $GB(r_i) \subset GB(r_j)$, (2) $GB(r_j) \subset GB(r_i)$ und (3) $GB(r_i) \cap GB(r_j) = \{ \}$ stellen sich im Syntaxbaum folgendermaßen dar.

   (1) Subgraph(r_i) enthalten in Subgraph(r_j)

   (2) Subgraph(r_j) enthalten in Subgraph(r_i)

   (3) Subgraph(r_i) disjunkt mit Subgraph(r_j)

Subgraph(r_k) bezeichnet dabei den Teilbaum mit der Wurzel 'quant r_k IN rel$_k$'. In Beispiel 4.1 gilt Subgraph(l) enthalten in Subgraph(p) und Subgraph(p) enthalten in Subgraph(d).

<u>**Beispiel 4.1:**</u> Medizinfachbereiche mit Assistenzprofessoren,
die keine Veranstaltung vor 11 Uhr halten.

Kalkülausdruck:

```
{ EACH d in departments: d.dtype = medicine
                         AND
                         SOME p IN professors
                           (p.status = assistant
                             AND
                             p.dnr = d.dnr
                             AND
                             ALL l IN lectures
                               (l.daytime >= 11am
                                 OR
                                 l.pnr ≠ p.pnr)) }
```

Syntaxbaum:

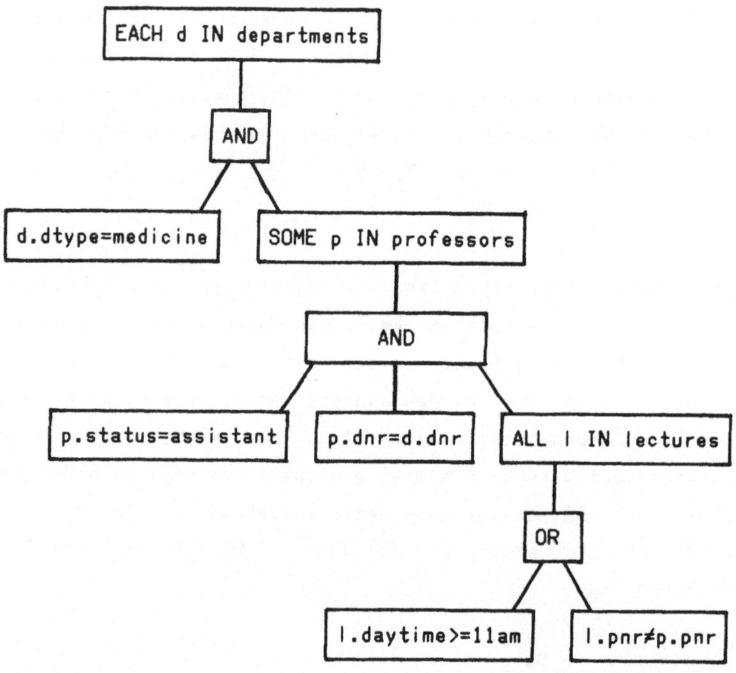

Spezielle Anfrageklassen, wie etwa die konjunktiven Ausdrücke, sind mit kompakteren graphischen Repräsentationsformen darstellbar. Im sogenannten Qualgraph [Bernstein und Chiu 81; Bernstein und Goodman 81a] beispielsweise werden Variablen r_i gemeinsam mit ihren Wertebereichen als Knoten und dyadische Vergleichsterme $d(r_i, r_j)$ als ungerichtete Kanten repräsentiert. Dabei ist implizit vorausgesetzt, daß die mit den Kanten assoziierten dyadischen Terme konjunktiv verknüpft sind.

Ausdrücke, die auch universell quantifizierte Variablen enthalten, bedürfen zusätzlich noch der vollständigen Repräsentation der Quantorenreihenfolge bzw. der Hierarchie der Geltungsbereiche von Variablen, da die Beziehung

$$\text{quant}_1 \ r_1 \ \text{IN rel}_1 \ \text{quant}_2 \ r_2 \ \text{IN rel}_2 \ (d(r_1,r_2))$$
$$\langle == \rangle$$
$$\text{quant}_2 \ r_2 \ \text{IN rel}_2 \ \text{quant}_1 \ r_1 \ \text{IN rel}_1 \ (d(r_1,r_2))$$

nur dann gilt, wenn die Quantoren quant_1 und quant_2 identisch sind. Im Gegensatz zum Qualgraph repräsentiert der Quantgraph [Jarke und Koch 83] die beiden Ausdrücke unterschiedlich. Quantgraphen sind wie folgt definiert.

Gegeben sei ein relationaler Ausdruck mit konjunktiv verknüpften dyadischen Termen über freien, existentiell oder universell quantifizierten Variablen. Ein korrespondierender **Quantgraph** repräsentiert quantifizierte Bereichsterme '$\text{quant}_i \ r_i$ IN rel_i' mit $\text{quant}_i \in \{\text{EACH,SOME,ALL}\}$ und $\text{rel}_i \neq \{ \}$ als Knoten k_i. Entsprechend der Variablenquantifizierung werden EACH-Knoten, SOME-Knoten und ALL-Knoten unterschieden. Dyadische Terme $d(r_i,r_j)$ über die Variablen r_i und r_j werden als gerichtete (Prädikat-) Kanten $k_i\text{->}k_j$ mit der Beschriftung $d(r_i,r_j)$ dargestellt. Eine Kante heißt '='-Kante, wenn der korrespondierende dyadische Term den Vergleichs-operator '=' enthält. Die Richtung einer Kante $k_i\text{->}k_j$ zeigt an, daß der Geltungsbereich der Variablen r_j in dem der Variablen r_i enthalten ist. Eine Beziehung $GB(r_j) \subset GB(r_i)$, die nicht aus einem dyadischen Prädikat resultiert (vgl. Beispiel 4.3), wird durch eine unbeschriftete Kante $k_i\cdot\cdot\text{>}k_j$ dargestellt (damit ist die Hierarchie der Geltungsbereiche von Variablen vollständig repräsentiert).

Die in der Definition von Quantgraphen enthaltene Forderung nach nichtleeren Bereichsrelationen ergibt sich aus der Datenabhängigkeit der Transformationsregel Q_{11} (siehe Tabelle 3.2). Demnach sind beispielsweise die Ausdrücke

```
{ EACH r1 IN rel1:
   SOME r2 IN rel2
     ALL r3 IN rel3 (d1(r1,r2) AND d2(r2,r3)) }
```

und

```
{ EACH r1 IN rel1:
   SOME r2 IN rel2
     (d1(r1,r2) AND ALL r3 IN rel3 (d2(r2,r3)) }
```

die beide mit dem Quantgraph

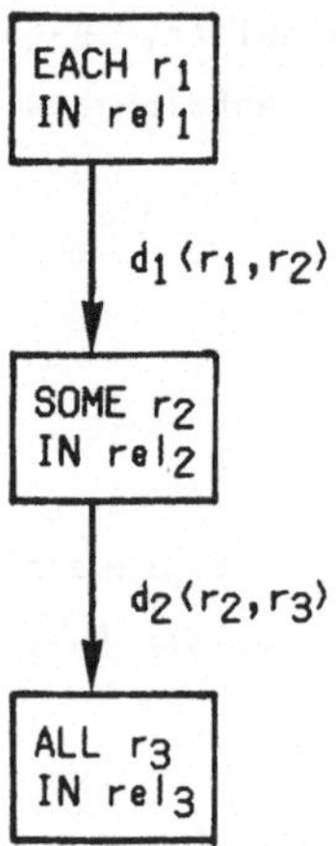

repräsentiert werden nur dann äquivalent, wenn der Wertebereich der Variablen r_3 nicht leer ist. Die Definition garantiert somit, daß lediglich äquivalente Ausdrücke mit demselben Graph repräsentiert werden.

Die folgenden Konzepte unterstützen die Analyse struktureller Eigenschaften von Anfragen. Ein **Pfad** zwischen zwei Knoten k_i und k_j im Quantgraph ist eine Folge aneinandergrenzender Kanten, die beide Knoten verbindet. Besteht ein Pfad lediglich aus beschrifteten Kanten, so wird er **Prädikatpfad** genannt. Ein Pfad heißt **gerichtet** wenn jedes Paar aneinandergrenzender Kanten die gleiche Kantenrichtung aufweist; ansonsten heißt er **ungerichtet**. Ein **Zyklus** (**Prädikatzyklus**) ist ein ungerichteter Pfad (Prädikatpfad), der einen Knoten mit sich selbst verbindet.

Ein Quantgraph heißt **stark zusammenhängend**, wenn von jedem Knoten k_i ein ungerichteter Prädikatpfad zu jedem anderen Knoten k_j des Graphs führt. Ein stark zusammenhängender Quantgraph heißt **streng baumartig** (**einfach baumartig**), wenn er keinen Zyklus (keinen Prädikatzyklus) enthält. Ein Quantgraph heißt **zyklisch**, wenn er mindestens einen Prädikatzyklus aufweist.

Die Beispiele 4.2 bis 4.4 zeigen Kalkülausdrücke mit streng baumartigen, einfach baumartigen und zyklischen Quantgraphen. In einem streng baumartigen Quantgraph existiert ein ausgezeichneter Knoten, genannt die Wurzel des Baumes, von dem aus genau ein gerichteter Prädikatpfad zu jedem anderen Knoten des Graphs führt. Die Eigenschaft der strengen Baumartigkeit kann im Kontext des relationalen Kalküls folgendermaßen interpretiert werden: in einem Kalkülausdruck mit streng baumartigem Quantgraph tritt jede Variable r_i mit höchstens einer Variablen r_j in dyadischen Termen $d(r_i,r_j)$ auf für die gilt, $GB(r_i) \subset GB(r_j)$.

Beispiel 4.2: Kalkülausdruck mit streng baumartigem Quantgraph.

```
{ EACH prof IN professors:
   SOME pap IN papers (prof.pnr = pap.pnr)
     AND
   ALL proj IN projects (prof.pnr = proj.pnr) }
```

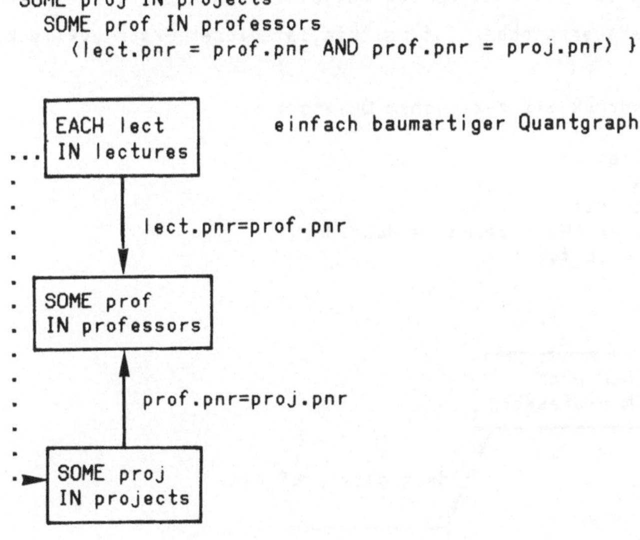

In einfach baumartigen Quantgraphen führt vom Wurzelknoten genau ein ungerichteter Prädikatpfad zu jedem anderen Knoten.

Beispiel 4.3: Kalkülausdruck mit einfach baumartigem Quantgraph.

```
{ EACH lect IN lectures:
   SOME proj IN projects
     SOME prof IN professors
       (lect.pnr = prof.pnr AND prof.pnr = proj.pnr) }
```


Hierbei ist zu beachten, daß manche Ausdrücke mit einfach baumartigen Quantgraphen äquivalent zu solchen mit streng baumartigen Graphen sind. So kann der Ausdruck aus Beispiel 4.3 durch Anwendung der Regel Q_1 (Vertauschung der Position zweier Quantoren gleichen Typs) in den äquivalenten Ausdruck

```
{ EACH lect IN lectures:
   SOME prof IN professors
     SOME proj IN projects
       (lect.pnr = prof.pnr AND prof.pnr = proj.pnr) }
```

mit dem streng baumartigen Quantgraph

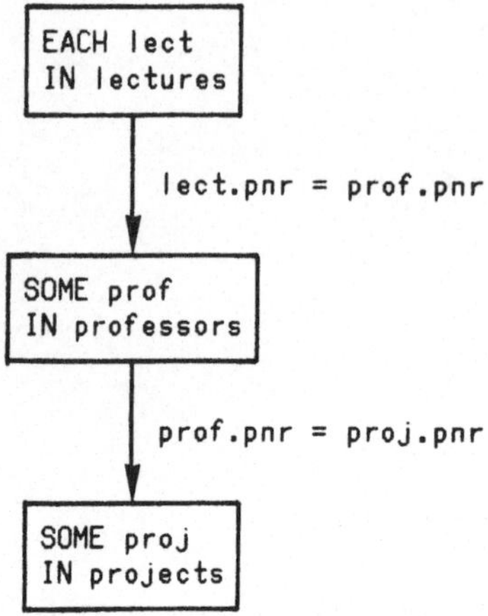

transformiert werden. Die Abschnitte 4.2 und 4.3 gehen auf diese Problematik noch weiter ein.

Der Quantgraph aus Beispiel 4.4 schließlich enthält einen Knoten, der über zwei unterschiedliche Prädikatpfade erreichbar ist. Mithin ist dieser Graph zyklisch.

Beispiel 4.4: Kalkülausdruck mit zyklischem Quantgraph.

```
{ EACH prof IN professors:
  SOME lect IN lectures
    SOME dept IN departments
      (prof.pnr = lect.pnr AND lect.dnr = dept.dnr
      AND dept.city=prof.city) }
```

Zyklischer Quantgraph:

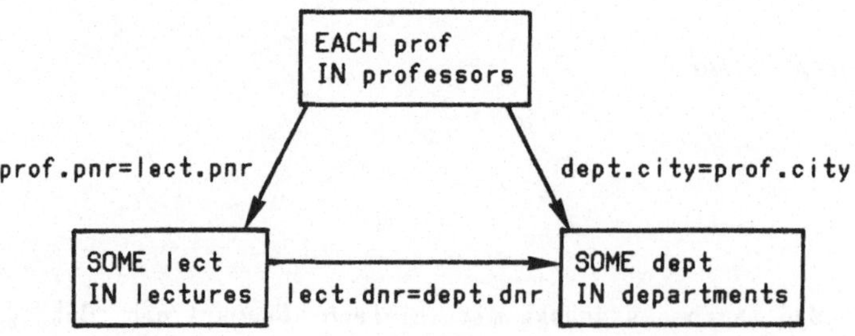

Quantgraphen werden im folgenden zur strukturellen Klassifikation von konjunktiven relationalen Kalkülausdrücken herangezogen.

4.1.2 Geschachtelte relationale Ausdrücke

In der ursprünglichen Definition des relationalen Kalküls sind Elementvariablen an (uneingeschränkte) Bereichsrelationen gebunden. Läßt man anstelle von Bereichsrelationen rel in Bereichstermen

$$\{ \ .. \ r \ IN \ rel \ .. \ \}$$

ganz allgemein relationale Ausdrücke (Bereichsausdrücke) zu - was im Interesse eines orthogonalen Sprachentwurfs liegt - so erhält man geschachtelte Ausdrücke [Koch 79; Jarke und Schmidt 81] der Form

$$\{ \ .. \ r' \ IN \ \{ \ EACH \ r \ IN \ rel \ .. \ \} \ .. \ \} \ .$$

Die Schachtelungstiefe dieser Ausdrücke ist nicht begrenzt.

Das Konzept der Bereichsschachtelung basiert auf drei Transformationsregeln, die sich auf die Mehrsortigkeit des relationalen Kalküls beziehen (vgl. Abschnitt 2.1.1).

Ein Prädikat pred heißt lokal zu $GB(r)$ wenn gilt $v \in PV(pred) ==> v=r$ oder $GB(v) \subset GB(r)$. Unter der Voraussetzung, daß $pred_1$ lokal zu $GB(r)$ ist, gelten die folgenden Regeln:

S_1: { EACH r IN rel: $pred_1$ AND $pred_2$ }
    <==>
    { EACH r' IN { EACH r IN rel: $pred_1$ } : $pred_2$' }

Im Prädikat $pred_2$' ist gegenüber $pred_2$ jedes Auftreten der Variablen r durch r' ersetzt.

S_2: SOME r IN rel ($pred_1$ AND $pred_2$)
    <==>
    SOME r' IN { EACH r IN rel: $pred_1$ } ($pred_2$')

S_3: ALL r IN rel (NOT $pred_1$ OR $pred_2$)
    <==>
    ALL r' IN { EACH r IN rel: $pred_1$ } ($pred_2$')

Anmerkung: Die Forderung nach der Lokalität von $pred_1$ gewährleistet, daß auch das Selektionsprädikat des neu gebildeten Bereichsausdrucks eine wohlgeformte Formel des relationalen Kalküls ist.

Eine besondere Eigenschaft der Bereichsschachtelung liegt darin, daß ein 'flacher', d.h. nicht geschachtelter relationaler Kalkülausdruck, mit Hilfe der obigen Regeln S_1, S_2 und S_3 in eine Menge von Komponenten (Teilanfragen) zerlegt werden kann. Durch schrittweise Auswertung der einzelnen Komponenten reduziert sich die Komplexität des gesamten Auswertungsproblems, da in jedem Schritt eine Teilanfrage behandelt wird, die im allgemeinen nur eine Teilmenge der Variablen der Gesamtanfrage enthält.

Darüberhinaus ist in einem geschachtelten Ausdruck eine partielle Ordnung bezüglich der Auswertungsreihenfolge seiner Komponenten festgelegt: ein Ausdruck kann erst dann ausgewertet werden, wenn die Extension der Wertebereiche seiner Variablen bekannt ist (wenn alle inneren Bereichsausdrücke bereits ausgewertet sind). Die Auswertungsreihenfolge von Bereichsausdrücken derselben Schachtelungsstufe ist jedoch nicht weiter festgelegt (es besteht die Möglichkeit zur quasi parallelen Auswertung). Durch gezielte Transformation eines flachen Ausdrucks in eine äquivalente geschachtelte Form läßt sich damit die Auswertungsreihenfolge einzelner Komponenten steuern.

Zur Illustration sei die Anfrage aus Beispiel 4.1 noch einmal aufgegriffen. Aus Anwendungen der Regeln S_1 bis S_3 auf die monadischen Terme der Anfrage resultiert der folgende geschachtelte Ausdruck.

```
{ EACH meddept IN { EACH d IN departments:
                    d.dtype = medicine }:
  SOME assprof IN { EACH p IN professors:
                    p.status = assistant }
    (meddept.dnr=assprof.dnr)
      AND
    ALL earlylect IN { EACH l IN lectures:
                       l.daytime < 11am }
    (assprof.pnr≠earlylect.pnr)) }
```

In dieser Form sind die Elementvariablen meddept, assprof und earlylect von vorneherein an monadische Bereichsausdrücke gebunden. Der geschachtelte Ausdruck reflektiert die Tatsache, daß lediglich Assistenzprofessoren, Medizinfachbereiche und vor 11 Uhr stattfindende Veranstaltungen für die Beantwortung der Anfrage interessant sind. Darüberhinaus hat die Schachtelung des Terms 'l.daytime < 11am' in den Bereich einer universell quantifizierten Variablen zur Folge, daß auf der äußersten Schachtelungsstufe lediglich konjunktiv verknüpfte dyadische Terme verbleiben. Die Schachtelung monadischer Terme entspricht der in Abschnitt 3.2.3 beschriebenen Heuristik zur Reduktion von Zwischenergebnissen: einschränkende Operatoren werden über expansive Operatoren propagiert (vorgezogene Prüfung monadischer Terme).

Die Auswertung des (monadischen, geschachtelten) Ausdrucks gemäß der im vorigen Kapitel beschriebenen Prinziplösungen liefe auf die Bildung des kartesischen Produkts über drei monadisch eingeschränkte Bereiche mit nachfolgender Prüfung der dyadischen Terme und Behandlung der Quantoren hinaus. Eine effizientere Alternative dazu ist ein schrittweises Vorgehen, das zunächst diejenigen Assistenzprofessoren bestimmt, welche keine frühen Veranstaltungen halten,

```
{ EACH assprof IN { EACH p IN professors:
                    p.status = assistant }:
  ALL earlylect IN { EACH l IN lectures:
                     l.daytime < 11am }
     (assprof.pnr ≠ earlylect.pnr) }
```

und anschließend die Medizinfachbereiche auf solche einschränkt, die Assistenzprofessoren des obigen Typs beschäftigen.

```
{ EACH meddept IN { EACH d IN departments:
                    d.dtype = medicine }:
  SOME latelectassprof IN
       { EACH assprof IN { EACH p IN professors:
                           p.status = assistant }:
         ALL earlylect IN { EACH l IN lectures:
                            l.daytime < 11am }
            (assprof.pnr ≠ earlylect.pnr) }
       (meddept.dnr = latelectassprof.dnr) }
```

Im ersten Auswertungsschritt wird bereits eine quantifizierte Teilbedingung geprüft (universelle Quantifikation der Variablen 'earlylect'). Dadurch entsteht ein kleineres Zwischenergebnis, das wiederum mit einer geringeren Anzahl von Elementzugriffen gelesen werden kann. Die Transformation des flachen relationalen Ausdrucks in eine äquivalente geschachtelte Form reduziert hier das Auswertungsproblem in jeder Schachtelungsstufe auf das von Teilausdrücken mit maximal zwei Variablen.

4.2 Gutartige Ausdrücke

Dieser Abschnitt benutzt den geschachtelten Kalkül zur Definition und den Quantgraph zur strukturellen Klassifikation und Analyse einer speziellen Klasse von Anfragen, die mit einem besonders effizienten Auswertungsverfahren assoziiert ist.

4.2.1 Semijoinausdrücke

Konventionelle Optimierungsansätze für relationale Kalkülausdrücke, welche lediglich freie und existentiell quantifizierte Variablen enthalten, konzentrieren sich im wesentlichen auf die Suche nach effizienten Kombinationen von Projektions-, Restriktions- und Joinanwendungen. In [Wong 77] wird in diesem Zusammenhang ein spezieller Operator eingeführt, der die Semantik von Join und Projektion zusammenfaßt und somit eine Verallgemeinerung der Restriktion darstellt. Der Semijoinoperator bestimmt diejenigen Elemente r_1 einer Relation rel_1, die für mindestens ein Element r_2 einer Relation rel_2 den dyadischen Vergleichsterm '$r_1.a = r_2.b$' erfüllen.

Semi $(rel_1, a = b, rel_2)$ <==> { EACH r_1 IN rel_1: SOME r_2 IN rel_2 $(r_1.a = r_2.b)$ }

In der Terminologie der relationalen Algebra setzt sich der Semijoinoperator aus einem Join und einer Projektion zusammen. Er bildet quasi "die Hälfte eines Joins".

$$\text{Semi } (rel_1, a = b, rel_2) \Longleftrightarrow \text{Proj } (\text{ Join } (rel_1, a = b, rel_2), \text{Attr}(rel_1))$$

Gegenüber dem Joinoperator, der in vielen Optimierungsstrategien im Vordergrund steht, zeigt der Semijoin eine Reihe von Vorteilen. Während der Joinoperator im ungünstigsten Fall das kartesische Produkt der beiden Operandenrelationen erzeugt, zählt der Semijoin ebenso wie Projektion und Restriktion zu den einschränkenden Operatoren. Er erzeugt jeweils eine Teilrelation von rel_1: $\text{Semi}(rel_1, a = b, rel_2) \subseteq rel_1$. Sowohl in zentralisierten als auch in verteilten Systemen verursacht die Anwendung eines Semijoinoperators weniger Kosten als ein vergleichbarer Join. Die nachfolgenden Methoden zur Semijoinimplementation sind aus den in Kapitel drei vorgestellten Joinprozeduren abgeleitet.

Die **Schleifenmethode** basiert auf sequentiellem Zugriff in systemdefinierter Reihenfolge. Im Gegensatz zur entsprechenden Joinprozedur kann hier die innere Schleife nach Auffinden des ersten qualifizierenden Elements abgebrochen werden. Die Kostenabschätzung liegt deshalb bei kleiner gleich $\text{CARD}(rel_1) + \text{CARD}(rel_1) * \text{CARD}(rel_2)$ Elementzugriffen.

```
PROCEDURE Semijoin (rel1: Rel1Type; rel2: Rel2Type): Rel1Type;
VAR
  result: Rel1Type;
BEGIN (* Schleifenmethode *)
  result := { };
  FOR EACH r1 IN rel1 DO
    FOR EACH r2 IN rel2 DO
      IF r1.a = r2.b THEN result :+ {r1}; EXIT END;
    END;
  END;
  RETURN result;
END Semijoin;
```

In der **Mischmethode** werden die Elemente der Operandenrelationen abwechselnd und jeweils in aufsteigender Reihenfolge der Joinattributwerte gelesen. Die Semijoinprozedur kommt dabei ohne Produktbildung über Teilrelationen von rel_1 und rel_2 mit identischen Attributwerten aus. Unter der Voraussetzung, daß die Elemente der Operandenrelationen in aufsteigender Reihenfolge der Joinattributwerte gespeichert sind, erfordert diese Methode lediglich $\text{CARD}(rel_1) + \text{CARD}(rel_2)$ Elementzugriffe.

```
PROCEDURE Semijoin (rel1: Rel1Type; rel2: Rel2Type): Rel1Type;
VAR
   r1: Rec1Type; r2: Rec2Type; result: Rel1Type;
BEGIN (* Mischmethode *)
  LOWEST(rel1,'a',r1); LOWEST(rel2,'b',r2); result := { };
  WHILE NOT ( EOR(rel1) OR EOR(rel2) ) DO
    IF r1.a = r2.b THEN
      result :+ {r1};
      REPEAT NEXT(rel1,'a',r1) UNTIL EOR(rel1) OR r1.a # r2.b;
    ELSIF r1.a < r2.b THEN
      REPEAT NEXT(rel1,'a',r1) UNTIL EOR(rel1) OR r1.a >= r2.b;
    ELSE (* r1.a > r2.b *)
      REPEAT NEXT(rel2,'b',r2) UNTIL EOR(rel2) OR r1.a <= r2.b;
    END;
  END;
  RETURN result;
END Semijoin;
```

In der **Indexmethode** wird parallel zur sequentiellen Selektion von Elementen der einen Relation direkt auf korrespondierende Elemente der anderen Relation zugegriffen. Etwa $2*CARD(rel_1)$ Elementzugriffe sind dazu erforderlich.

```
PROCEDURE Semijoin (rel1: Rel1Type; rel2: Rel2Type): Rel1Type;
VAR
   temp: Rel2Type; result: Rel1Type;
BEGIN (* Indexmethode *)
  result := { };
  FOR EACH r1 IN rel1 DO
    temp := rel2[withb(r1.a)];
    IF temp # { } THEN result :+ {r1} END;
  END;
  RETURN result;
END Semijoin;
```

Betrachtet man den Semijoin als verallgemeinerten Restriktionsoperator so motiviert dies eine vierte Implementationsmethode, die explizit von Hauptspeicherpuffern Gebrauch macht. In einem Kalkül, der die Prüfung von Mengenbeziehungen in Vergleichstermen erlaubt, läßt sich der Semijoin wie folgt als "monadischer" Ausdruck darstellen

$$\text{Semi } (rel_1, a{=}b, rel_2) \Longleftrightarrow \{ \text{ EACH } r_1 \text{ IN } rel_1: r_1.a \text{ IN valueset } \}$$

wobei $valueset = \{ <r_2.b> \text{ OF EACH } r_2 \text{ IN } rel_2: \text{ TRUE } \}$. Es werden demnach genau diejenigen Elemente der Relation rel_1 bestimmt, deren Joinattributwerte in der Menge der Joinattributwerte von rel_2 (in der Projektion von rel_2 auf das Attribut b) enthalten sind. Die **Puffermethode** geht davon aus, daß die Wertemenge (valueset) in einem Hauptspeicherpuffer gespeichert wird. Die Puffermethode erfordert ebensoviele Elementzugriffe wie die Mischmethode, benutzt jedoch lediglich sequentielle Zugriffe in systemdefinierter Reihenfolge (sie setzt keine spezielle Speicherungsreihenfolge der Elemente voraus).

```
PROCEDURE Semijoin (rel₁: Rel₁Type; rel₂: Rel₂Type): Rel₁Type;
VAR
   valueset: SET OF BType; result: Rel₁Type;
BEGIN (* Puffermethode *)
   valueset := { }; result := { };
   FOR EACH r₂ IN rel₂ DO valueset := valueset + { r₂.b } END;
   FOR EACH r₁ IN rel₁ DO
     IF r₁.a IN valueset THEN result :+ { r₁ } END;
   END;
   RETURN result;
END Semijoin;
```

Die Puffermethode löst damit die ineffiziente Schleifenmethode als "worst-case"
Methode (Joinattribute sind nicht indiziert und es liegt keine entsprechende
Sortierreihenfolge vor) ab. Die (Ein/Ausgabe) Kosten, die bei der Auswertung einer
Folge von Semijoinoperatoren entstehen, lassen sich nun mit einer linearen Funktion
über die Kardinalität der Bereichsrelationen abschätzen:

$$\text{Kosten} \ (\ \text{Semi}(\ldots(\text{Semi}(rel_1, a=b, rel_2)\ldots)..,rel_n)$$
$$=$$
$$c_1 * \text{CARD}(rel_1) + c_2 * \text{CARD}(rel_2) + \ldots + c_n * \text{CARD}(rel_n) \ .$$

Ein Faktor c_i wird nur dann größer als eins, wenn die Resultatrelation des (i-1)-ten
Semijoins auf den Hintergrundspeicher ausgelagert werden muß. Andererseits genügt es,
bei einer Implementation via Puffermethode lediglich diejenige Wertemenge zu
speichern, die für die Anwendung des nächsten Semijoins relevant ist. Unter günstigen
Voraussetzungen (hohe Selektivität der Joinbedingung, entsprechend große Hauptspeicherpuffer) gilt daher $c_i = 1$.

Relationale Kalkülausdrücke, die unter der ausschließlichen Verwendung von
Semijoinoperatoren ausgewertet werden können, bilden also eine in bezug auf
Auswertungskosten besonders interessante Anfrageklasse. In der Terminologie
geschachtelter Ausdrücke handelt es sich dabei um Anfragen, die vollständig in
Komponenten der Art

$$\{ \ \text{EACH} \ r_1 \ \text{IN} \ exp_1: \ \text{SOME} \ r_2 \ \text{IN} \ exp_2 \ (r_1.a = r_2.b) \ \}$$

zerlegt sind. Solche Ausdrücke werden im folgenden **Semijoinausdrücke** genannt.

1. Gegeben seien Relationen rel_1 und rel_2 sowie die Attribute a und b. Dann ist

$$\{ \text{ EACH } r_1 \text{ IN } rel_1 \text{: SOME } r_2 \text{ IN } rel_2 \; (r_1.a = r_2.b) \; \}$$

ein Semijoinausdruck.

2. Es seien exp_1 und exp_2 Semijoinausdrücke. Dann ist auch

$$\{ \text{ EACH } e_1 \text{ IN } exp_1 \text{: SOME } e_2 \text{ IN } exp_2 \; (e_1.a = e_2.b) \; \}$$

ein Semijoinausdruck.

3. Keine anderen Ausdrücke sind Semijoinausdrücke.

Diejenigen flachen Ausdrücke, für die ein äquivalenter Semijoinausdruck existiert, werden als **gutartig** bezeichnet. Lemma 4.1 identifiziert einen gutartigen Ausdruck anhand der Struktur seines Quantgraphen.

Lemma 4.1: Relationale Kalkülausdrücke repräsentiert durch einfach oder streng baumartige Quantgraphen mit EACH-Wurzeln, SOME-Knoten und '='-Kanten sind gutartig.

Beweis:

Es wird gezeigt, daß jeder Ausdruck dieser Klasse in einen äquivalenten Semijoinausdruck transformiert werden kann. Die Analogie in der graphischen Darstellung besteht in der Reduktion eines baumartigen Quantgraphen in einen Graphen der Form

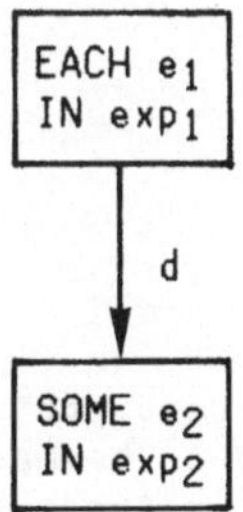

mit exp_1, $exp_2 \in$ SA (Klasse der Semijoinausdrücke). Zunächst werden Anfragen mit streng baumartigen Quantgraphen betrachtet. Anhand der Variablenquantifizierung der Wurzelknoten sind zwei Typen von Bäumen zu unterscheiden.

1. Bäume mit EACH-Wurzeln.

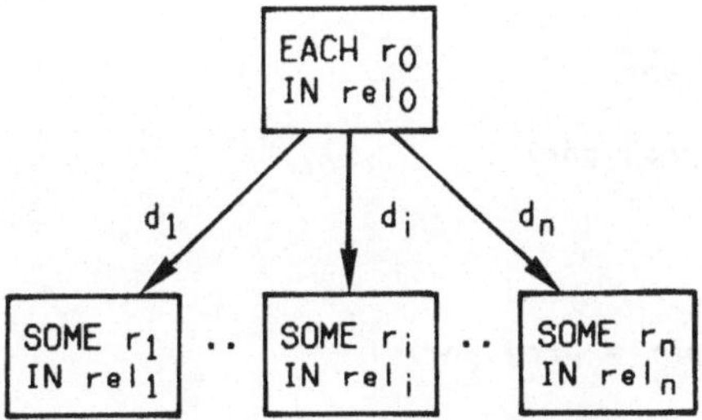

2. Teilbäume mit SOME-Wurzeln.

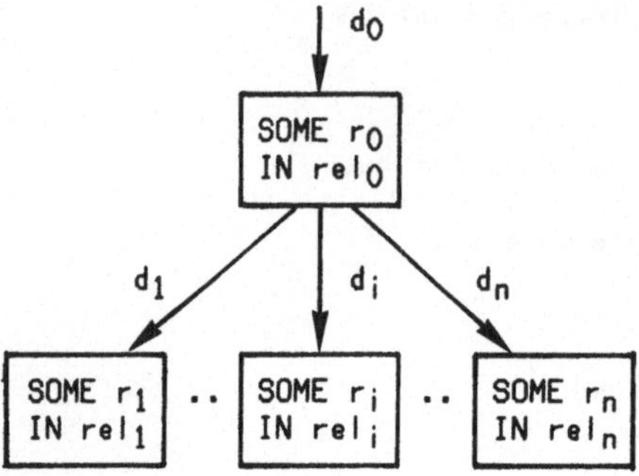

Im ersten Fall führt die $(n-1)$-malige Anwendung der Regel S_1 zu einem reduzierten Baum der Form

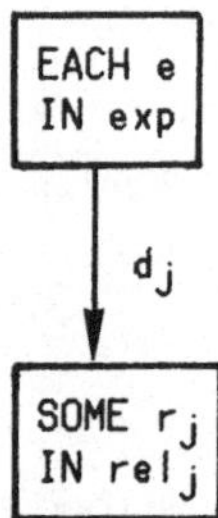

mit exp $\in$ SA. Im zweiten Fall wird durch n-malige Anwendung der Regel S_2 ein primitiver Teilgraph (ein Blattknoten) erzeugt, für den ebenfalls exp $\in$ SA gilt.

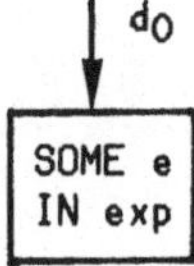

Durch vollständige Induktion kann schließlich gezeigt werden, daß zu jedem relationalen Ausdruck der betrachteten Klasse ein äquivalenter geschachtelter Semijoinausdruck existiert. Die Erweiterung dieser Aussage auf (einfach) baumartige Anfragen ergibt sich aus der Vertauschbarkeit der Quantorenposition in Ausdrücken, die ausschließlich Quantoren gleichen Typs enthalten (siehe Regel Q_1 in Tabelle 3.2).

Zur Illustration der Transformation von gutartigen flachen Ausdrücken in äquivalente Semijoinausdrücke werden zwei Anfragen betrachtet,

```
(1) { EACH prof IN professors:
      SOME pap IN papers (prof.pnr = pap.pnr)
        AND
      SOME proj IN projects (prof.pnr = proj.pnr) }

(2) { EACH lect IN lectures:
      SOME proj IN projects
        SOME prof IN professors
          (lect.pnr = prof.pnr AND prof.pnr = proj.pnr) }
```

von denen die erste mit einem streng baumartigen und die zweite mit einem einfach baumartigen Quantgraph korrespondiert.

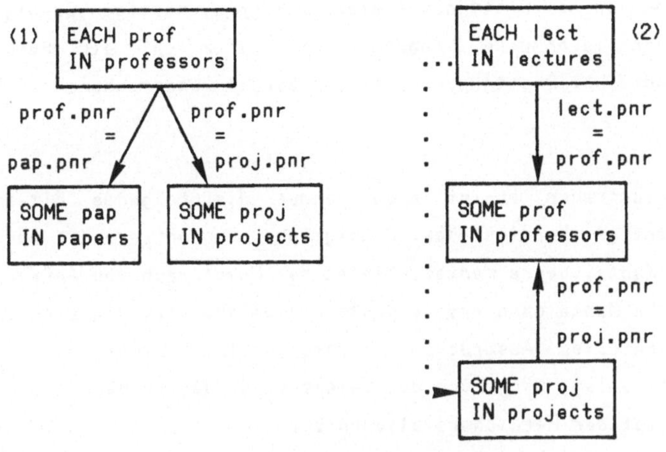

Anfrage (1) läßt sich durch Anwendung der Regel S_1 in

```
{ EACH profwithpap IN { EACH prof IN professors:
                    SOME pap IN papers (prof.pnr=pap.pnr) }:
   SOME proj IN projects (profwithpap.pnr = proj.pnr) }
```

oder alternativ dazu in

```
{ EACH profwithproj IN
                 { EACH prof IN professors:
                    SOME proj IN projects (prof.pnr=proj.pnr)}:
   SOME pap IN papers (profwithproj.pnr = pap.pnr) }
```

transformieren. Anfrage (2) erfordert zusätzlich eine Vertauschung der Quantorenposition nach Regel Q_1

```
{ EACH lect IN lectures:
   SOME prof IN professors
     SOME proj IN projects
        (lect.pnr = prof.pnr AND prof.pnr = proj.pnr) }
```

bevor mithilfe von Regel S_2

```
{ EACH lect IN lectures:
   SOME managingprof IN
                 { EACH prof IN professors:
                    SOME proj IN projects(prof.pnr=proj.pnr)}
     (lect.pnr = managingprof.pnr) }
```

ein Semijoinausdruck erzeugt wird.

Die in Semijoinausdrücken partiell festgelegte Auswertungsreihenfolge von Teilausdrücken - innere Schachteln zuerst, beliebige Reihenfolge der Schachteln auf der
gleichen syntaktischen Stufe - läßt sich direkt auf die graphische Repräsentationsform übertragen: ausgehend von den Blattknoten eines streng baumartigen Quantgraphs
wird analog zu einer inversen Tiefensuche (breadth first, bottom up) ein Semijoinoperator pro Kante angewandt. Der Quantgraph spielt in diesem Zusammenhang die Rolle
einer Kontrollstruktur.

Für die obigen Beispielanfragen ergibt sich daraus die folgende Situation.
Während die streng baumartige Version des Quantgraphs von Anfrage (2) nur eine
Reihenfolge zuläßt (untere Kante, obere Kante), bietet der Quantgraph von Anfrage (1)
zwei Alternativen (erst linke Kante dann rechte Kante und umgekehrt), die sich in den
beiden äquivalenten geschachtelten Ausdrücken wiederspiegeln. Welche der beiden
Alternativen die effizientere ist, hängt von der Selektivität der beiden Vergleichsterme und von der Kardinalität der Bereichsrelationen ab.

Die Attraktivität des Semijoinoperators wurde bislang ausschließlich im Kontext
verteilter Datenbanken gewürdigt [Bernstein und Chiu 81; Bernstein et al 81; Goodman
und Shmueli 82a]. Ein Semijoin ist hier oft mit wesentlich geringeren
Kommunikationskosten verbunden als ein Join. Falls die Relationen rel_1 und rel_2 auf
unterschiedlichen Knotenrechnern gespeichert sind, genügt es zur Berechnung von
$Semi(rel_1, a = b, rel_2)$ das Ergebnis der Projektion $Proj(rel_2, \{b\})$ zu transferieren,
während bei einem Join eine der beiden Operandenrelationen vollständig übertragen
werden muß.

Darüberhinaus läßt sich der reduzierende Effekt (der Nutzen) eines Joins,
nämlich die horizontale und vertikale Einschränkung der Operandenrelation rel_1 auf
$Proj(Join(rel_1, a=b, rel_2), Attr(rel_1))$ und die dazu symmetrische Einschränkung von rel_2
durch die Anwendung von zwei Semijoinoperatoren erzielen [Bernstein et al. 81]. Die
damit verbundenen Kommunikationskosten (in Bytes) betragen

$$CARD(Proj(rel_2, \{b\})) * SIZE(b) + CARD(Proj(rel_1, \{a\})) * SIZE(a)$$

oder, wenn $Semi(rel_2, a=b, rel_1)$ erst angewandt wird, nachdem rel_1 durch
$Semi(rel_1, a=b, rel_2)$ bereits eingeschränkt ist,

$$\leq CARD(Proj(rel_2, \{b\})) * (SIZE(a) + SIZE(b)) \ .$$

Unter der (im allgemeinen zutreffenden) Voraussetzung, daß $SIZE(a) + SIZE(b)$
$\leq SIZE(Attr(rel_2))$, sind die Kosten der beiden Semijoinanwendungen geringer als die
Kosten eines Joins.

In verteilten Datenbanken sind deshalb auch Ausdrücke repräsentiert durch baumartige Quantgraphen mit mehr als einem EACH-Knoten von Interesse [Bernstein und Chiu 81]. Ein zweistufiges Semijoinprogramm, das jede Kante des Graphs je einmal in bottom-up und einmal in top-down Richtung durchläuft, reduziert die Operandenrelationen solcher Anfragen auf den für das Endergebnis relevanten Teil. Die auf diese Weise erzeugten Teilrelationen werden schließlich zum Zielknoten übertragen und gehen dort in die Ergebnisrelation ein.

Die Bestimmung der optimalen Semijoinreihenfolge ist Gegenstand von mehreren Arbeiten zur Anfrageoptimierung in verteilten Datenbanken. Einige davon setzen voraus, daß genügend Information über den aktuellen Datenbankzustand verfügbar ist [Chiu et al. 81; Gouda und Dayal 81], andere arbeiten mit statistischen Modellen zur Abschätzung der entstehenden Kosten [Bernstein et al. 81; Chang 82; Yu und Chang 83].

Schließlich findet der Semijoinoperator Eingang in Architekturüberlegungen für spezialisierte Datenbankmaschinen [Ozkarahan et al. 77; Su und Emam 78; Babb 79; Valduriez und Gardarin 84]. Sie beruhen zumeist auf der Puffermethode und speichern die aus dem ersten Auswertungsschritt resultierende Wertemenge auf besonders schnellen Speichermedien (z.B. in cache memories). Verfeinerungen der Puffermethode werden durch komprimierte Interndarstellungen der Wertemenge (etwa als Bitliste) sowie durch Nutzung rechnungsorientierter Indexe zum beschleunigten Elementzugriff erzielt.

4.2.2 Generalisierte Semijoinausdrücke

Die vorliegende Definition gutartiger Ausdrücke umfaßt nur eine sehr beschränkte Klasse von (flachen) relationalen Kalkülausdrücken. Dieser Abschnitt beschäftigt sich deshalb mit einer erweiterten Klasse von Anfragen, die mittels Bereichsschachtelung in eine äquivalente, analog zu Semijoinausdrücken effizient auswertbare Form zerlegt werden können. Zunächst sei auf einige Ansatzpunkte für die Verallgemeinerung der Definition gutartiger Ausdrücke hingewiesen.

Monadische Ausdrücke: Der Semijoinoperator stellt eine besondere Form der Restriktion dar. Somit liegt es nahe, auch monadische Ausdrücke (ein-Variablen-Anfragen) in einer generalisierten Klasse von Semijoinausdrücken zu berücksichtigen. Ein-Variablen-Anfragen werden durch die in heutigen Dateisystemen verfügbaren eindimensionalen und mehrdimensionalen Zugriffsmethoden effizient unterstützt (vgl. Abschnitt 3.1).

Quantoren und Vergleichsoperatoren: Ein relationaler Kalkülausdrück der Form
{ EACH r_1 IN rel_1: quant r_2 IN rel_2 (r_1.a op r_2.b) } mit quant $\in$ {ALL,SOME} und op $\in$ {$=,\neq,<,\leq,>,\geq$} kann ebenfalls als eine Art "monadischer" Ausdruck aufgefaßt werden. Tabelle 4.1 enthält entsprechende Transformationsregeln zur Vereinfachung der Auswahlbedingung. Dabei wird deutlich, daß der ursprüngliche Semijoin Operator (Regel E_1) und sein Komplement (Regel E_{12}) noch den relativ ungünstigsten Fall darstellen (Prüfung gegen eine im allgemeinen mehrelementige Wertemenge). In allen anderen Fällen reduziert sich die Auswahlbedingung zu einem monadischen oder booleschen Term.

Konjunktive und disjunktive Verknüpfungen: Die Integration von Junktoren in die Klasse der Semijoinausdrücke dient dazu, voreilige Entscheidungen bezüglich der Verschachtelung von Termen in disjunkten Geltungsbereichen bzw. bezüglich ihrer Auswertungsreihenfolge zu vermeiden (siehe Beispielanfrage (1) aus dem vorangehenden Abschnitt). Entscheidungen dieser Art sollten sinnvollerweise erst dann getroffen werden, wenn Informationen über den aktuellen Datenbankzustand vorliegen (also nicht während der Anfragezerlegung sondern erst bei der endgültigen Zugriffsplanung). Die Zusammenfassung von Termen der gleichen syntaktischen Stufe in einem Teilausdruck bietet darüberhinaus die Möglichkeit, diese Terme quasi parallel auszuwerten.

Betrachtet werden Ausdrücke der Form

{ EACH r_1 IN rel_1: quant r_2 IN rel_2 (r_1.a op r_2.b) }

mit quant $\in$ {SOME,ALL} und op $\in$ {$=,\neq,<,\leq,>,\geq$}. Außerdem sei valueset = {$\langle r_2$.b$\rangle$ OF EACH r_2 IN rel_2: TRUE } mit $rel_2 \neq$ { }. Für die möglichen Kombinationen von Quantortyp und Art des Vergleichsoperators gilt dann:

E_1: SOME r_2 IN rel_2 (r_1.a $=$ r_2.b) $\langle==\rangle$ r_1.a IN valueset

E_2: SOME r_2 IN rel_2 (r_1.a $<$ r_2.b) $\langle==\rangle$ r_1.a $<$ MAX(valueset)

E_3: SOME r_2 IN rel_2 (r_1.a $\leq$ r_2.b) $\langle==\rangle$ r_1.a $\leq$ MAX(valueset)

E_4: SOME r_2 IN rel_2 (r_1.a $>$ r_2.b) $\langle==\rangle$ r_1.a $>$ MIN(valueset)

E_5: SOME r_2 IN rel_2 (r_1.a $\geq$ r_2.b) $\langle==\rangle$ r_1.a $\geq$ MIN(valueset)

E_6: SOME r_2 IN rel_2 (r_1.a $\neq$ r_2.b) $\langle==\rangle$ TRUE, falls Card(valueset) $>$ 1
                                                 r.a $\neq$ valueset, falls Card(valueset) = 1

E_7: ALL r_2 IN rel_2 (r_1.a $=$ r_2.b) $\langle==\rangle$ FALSE, falls Card(valueset) $>$ 1
                                                 r.a $=$ valueset, falls Card(valueset) = 1

E_8: ALL r_2 IN rel_2 (r_1.a $<$ r_2.b) $\langle==\rangle$ r_1.a $<$ MIN(valueset)

E_9: ALL r_2 IN rel_2 (r_1.a $\leq$ r_2.b) $\langle==\rangle$ r_1.a $\leq$ MIN(valueset)

E_{10}: ALL r_2 IN rel_2 (r_1.a $>$ r_2.b) $\langle==\rangle$ r_1.a $>$ MAX(valueset)

E_{11}: ALL r_2 IN rel_2 (r_1.a $\geq$ r_2.b) $\langle==\rangle$ r_1.a $\geq$ MAX(valueset)

E_{12}: ALL r_2 IN rel_2 (r_1.a $\neq$ r_2.b) $\langle==\rangle$ r.a NOT IN valueset

Tabelle 4.1: Transformationsregeln für generalisierte Semijoinausdrücke.

Entkoppelte Teilausdrücke: Manche relationale Kalkülausdrücke korrespondieren mit Quantgraphen, deren Komponenten zwar streng baumartig, aber untereinander nicht stark zusammenhängend sind (vgl. Abschnitt 4.1.1). Solche Ausdrücke entstehen vor allem dann, wenn Datenbankzugriffe mit der Prüfung von semantischen Integritätsbedingungen verknüpft werden, die unabhängig von einer aktuellen Zugriffsanforderung zu jedem Zeitpunkt erfüllt sein müssen [Stonebraker 75; Bernstein und Blaustein 82]. Beispiel 4.5 zeigt einen derartigen Ausdruck. Aus der geschachtelten Formulierung geht hervor, daß auch diese Anfrage durch Anwendung von Semijoinoperatoren ausgewertet werden kann: unter der Voraussetzung, daß der in den Zeilen 5-8 enthaltene Semijoinausdruck eine nichtleere Ergebnisrelation liefert (der quantifizierte Teilausdruck der Zeilen 4-9 zum Wahrweitswert TRUE evaluiert), ergibt sich das Ergebnis der Gesamtanfrage aus dem Wert des in den Zeilen 2-3 enthaltenen Semijoinausdrucks. Im anderen Fall ist das Ergebnis die leere Relation.

Beispiel 4.5: Relationaler Ausdruck mit schwach zusammenhängendem Quantgraph, in dem jede stark zusammenhängende Komponente streng baumartig ist.

Kalkülausdruck:

```
{ EACH r₁ IN rel₁:
   SOME r₂ IN rel₂ (d₁(r₁,r₂))
     AND
   SOME r₃ IN rel₃
     (SOME r₄ IN rel₄ (d₂(r₃,r₄))
        AND
      SOME r₅ IN rel₅ (d₃(r₃,r₅))) }
```

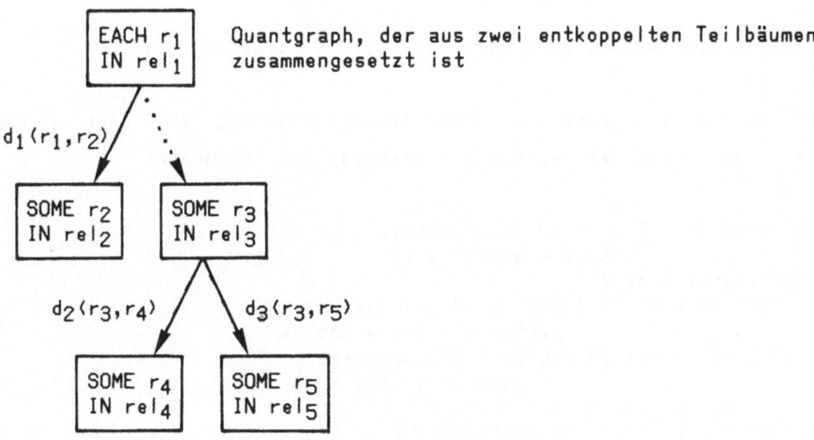

Quantgraph, der aus zwei entkoppelten Teilbäumen zusammengesetzt ist

Geschachtelter Ausdruck:

```
{ EACH r₁' IN                                      (1)
        { EACH r₁ IN rel₁:                         (2)
            SOME r₂ IN rel₂ (d₁(r₁,r₂)) }:         (3)
  SOME r₃" IN                                      (4)
        { EACH r₃' IN                              (5)
            { EACH r₃ IN rel₃:                     (6)
                SOME r₄ IN rel₄ (d₂(r₃,r₄)) }:     (7)
            SOME r₅ IN rel₅ (d₃(r₃',r₅) }          (8)
   (TRUE) }                                        (9)
```

Aus diesen Überlegungen resultiert die folgende rekursive Definition der Klasse der __generalisierten Semijoinausdrücke (GSA):__

1. Es sei mon(r) eine Verknüpfung monadischer Vergleichsterme über die Variable r. Dann ist

   { EACH r IN rel: mon(r) }

   ein GSA.

2. Es sei exp_1 ein GSA und $spred(e_1)$ ein einstufiges Prädikat wie unten definiert. Dann ist auch

   { EACH e_1 IN exp_1: $spred(e_1)$ }

   ein GSA. Einstufige Prädikate sind wie folgt definiert.

   (2a) Es sei exp_2 ein GSA, $d(e_1,e_2)$ ein dyadischer Vergleichsterm und bool ein boolescher Term. Dann sind

   (2a1) SOME/ALL e_2 IN exp_2 ($d(e_1,e_2)$)

   (2a2) SOME/ALL e_2 IN exp_2 (bool)

   einstufige Prädikate.

   (2b) Es seien $spred_1(e_1)$ und $spred_2(e_1)$ einstufige Prädikate. Dann sind auch

   (2b1) $spred_1(e_1)$ AND $spred_2(e_1)$

   (2b2) $spred_1(e_1)$ OR $spred_2(e_1)$

   einstufige Prädikate.

3. Keine anderen Ausdrücke sind generalisierte Semijoinausdrücke.

Als Beispiel für einen generalisierten Semijoinausdruck sei noch einmal die geschachtelte Formulierung der Anfrage aus Beispiel 4.1 betrachtet.

```
{ EACH meddept IN { EACH d IN departments:
                    d.dtype = medicine }:
   SOME latelectassprof IN
       { EACH assprof IN { EACH p IN professors:
                           p.status = assistant }:
       ALL earlylect IN { EACH l IN lectures:
                          l.daytime < 11am }
           (assprof.pnr ≠ earlylect.pnr) }
   (meddept.dnr = latelectassprof.dnr) } .
```

Die Bereiche der Variablen meddept, assprof und earlylect (die inneren Schachteln) enthalten jeweils einen monadischen Term und erfüllen demnach die Forderung von Definitionsteil 1. Die (einstufige) Beziehung zwischen assprof und earlylect wird durch einen dyadischen Term hergestellt. Der Bereich der Variablen latelectassprof ist somit gemäß Definitionsteil 2a1 ebenfalls ein GSA. Schließlich besteht auch auf der äußersten Schachtelungsstufe eine einstufige Beziehung zwischen der Variablen meddept und latelectassprof, wodurch der gesamte Ausdruck der Klasse der generalisierten Semijoinausdrücke zugeordnet werden kann.

Die schrittweise Auswertung generalisierter Semijoinausdrücke ("one nesting at a time") sei im folgenden **Semijoinreduktion** genannt. Sie bestimmt in jedem Auswertungsschritt den Wert eines Ausdrucks

$$\{ \text{EACH } r \text{ IN rel: pred}(r) \}$$

wobei pred(r) entweder eine monadische oder eine einstufige Auswahlbedingung ist.

Die Auswertung eines monadischen Ausdrucks (Teil 1 der GSA Definition) erfordert im ungünstigsten Fall das Lesen der gesamten Bereichsrelation. Besteht das Selektionsprädikat aus einem einzelnen Term oder aus einer konjunktiven Verknüpfung von Termen, so genügen oft wenige Elementzugriffe, vorausgesetzt ein entsprechender Zugriffspfad steht zur Verfügung.

Die Auswertung von Ausdrücken mit einstufigen Auswahlbedingungen (Teil 2 der GSA Definition) verlangt eine weitergehende Differenzierung. Ausdrücke der Form

$$\{ \text{EACH } r_1 \text{ IN rel}_1: \text{quant } r_2 \text{ IN rel}_2 (r_1.a \text{ op } r_2.b) \}$$

mit quant $\in$ {SOME,ALL} und op $\in$ {=,$\neq$,<,$\leq$,>,$\geq$} (Definitionsteil 2a1) lassen sich gemäß der in Tabelle 4.1 enthaltenen Transformationsregeln vereinfachen. Für entkoppelte Auswahlbedingungen (Definitionsteil 2a2) gelten darüberhinaus folgende Regeln:

```
SOME r IN exp (bool)  <==>  FALSE, falls exp = {} oder bool = FALSE
                            TRUE, sonst

ALL r IN exp (bool)   <==>  TRUE, falls exp = {} oder bool = TRUE
                            FALSE, sonst
```

In vielen Fällen führt die Anwendung dieser Regeln zu einer trivialen Vereinfachung der Gesamtanfrage (leere Relation oder uneingeschränkte Bereichsrelation der freien Variablen).

Die Auswertung von Ausdrücken mit komplexen einstufigen Prädikaten
(Definitionsteil 2b) erfordert im allgemeinen die Prüfung der Elemente der freien
Variablen gegen eine Kollektion von Wertemengen. Handelt es sich dabei um Wertemengen
gleichen Typs, so können sie entprechend den Junktoren des Prädikats in einer Menge
zusammengefaßt werden (ersetze AND durch Mengendurchschnitt, OR durch Vereinigung).

Eine zusätzliche Optimierung resultiert aus der Berücksichtigung der
Selektivität einzelner Teilbedingungen. Im Falle eines konjunktiven (disjunktiven)
Stufenprädikats erhöht die Anordnung von Teilbedingungen in der Reihenfolge
abnehmender Selektivität die Wahrscheinlichkeit, daß eine Verletzung (die
Erfüllbarkeit) der Auswahlbedingung schon vor der Prüfung der letzten Teilbedingung
festgestellt wird.

Zusammenfassend lassen sich die Auswertungskosten eines generalisierten
Semijoinausdrucks analog zu denen einer Folge von Semijoinoperatoren (vgl. Abschnitt
4.2.1) mit einer linearen Funktion über die Kardinalität der Bereichsrelationen
abschätzen:

$$\text{Kosten} \; (\; GSA(r_1, r_2, .., r_n) \;)$$
$$=$$
$$c_1 * CARD(rel_1) + c_2 * CARD(rel_2) + .. + c_n * CARD(rel_n)$$

Vorausgesetzt es stehen entsprechende Zugriffspfade zur Verfügung gilt gemäß Tabelle
4.1 im günstigsten Fall $c_i = 1/CARD(rel_i)$.

Die Klasse der gutartigen Ausdrücke sei nun wie folgt redefiniert. Ein flacher
relationaler Kalkülausdruck heißt **gutartig**, wenn sein Wert durch Semijoinreduktion
bestimmt, d.h. wenn er in einen äquivalenten GSA transformiert werden kann. Eine
Teilklasse der gutartigen Ausdrücke läßt sich analog zu Abschnitt 4.2.1 anhand der
Struktur der korrespondierenden Quantgraphen identifizieren [Jarke und Koch 83].

Lemma 4.2: Relationale Kalkülausdrücke repräsentiert durch streng baumartige
Quantgraphen mit EACH-Wurzeln, beliebigen Knoten und beliebigen
Prädikatkanten sind gutartig.

<u>Beweis:</u>

Es gilt zu zeigen, daß ein Ausdruck der gegebenen Klasse in einen äquivalenten GSA transformiert bzw. daß sein korrespondierender Quantgraph entsprechend reduziert werden kann. Im Gegensatz zu Lemma 4.1 müssen hier jedoch drei Typen von Bäumen betrachtet werden.

1. Bäume mit EACH-Wurzeln.

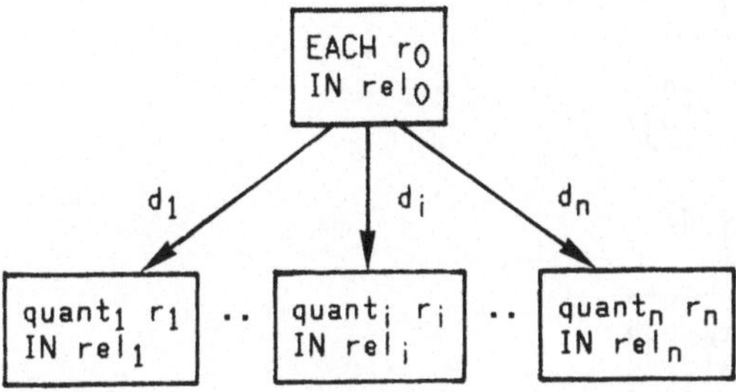

2. Teilbäume mit SOME-Wurzeln.

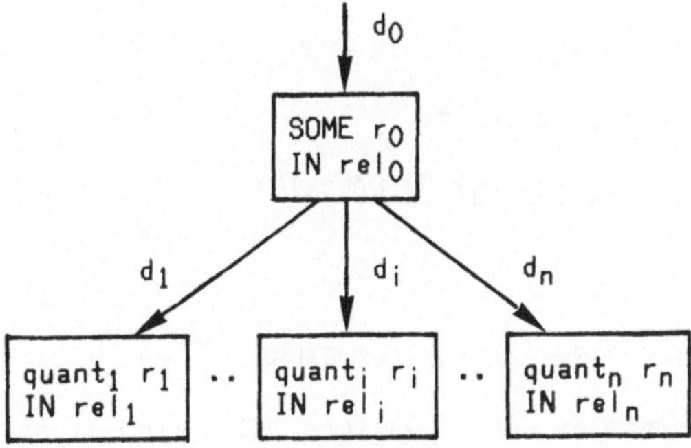

3. Teilbäume mit ALL-Wurzeln.

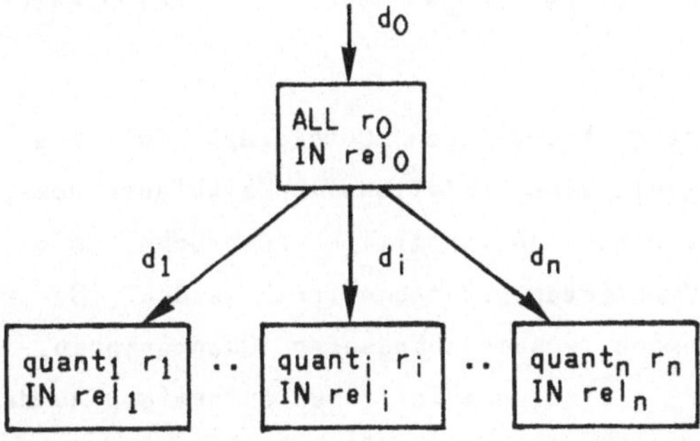

Für Bäume der Typen 1 und 2 gilt dieselbe Argumentation wie in Lemma 4.1, wobei ausgenutzt wird, daß die Regeln S_1 und S_2 auch für Terme mit beliebigen Vergleichsoperatoren gelten. Typ 3 bedarf jedoch zusätzlicher Überlegungen. Durch n-fache Anwendung der Regel Q_4 (vgl. Tabelle 3.2) wird ein Teilbaum dieses Typs in einen Wald entkoppelter primitiver Teilbäume zerlegt:

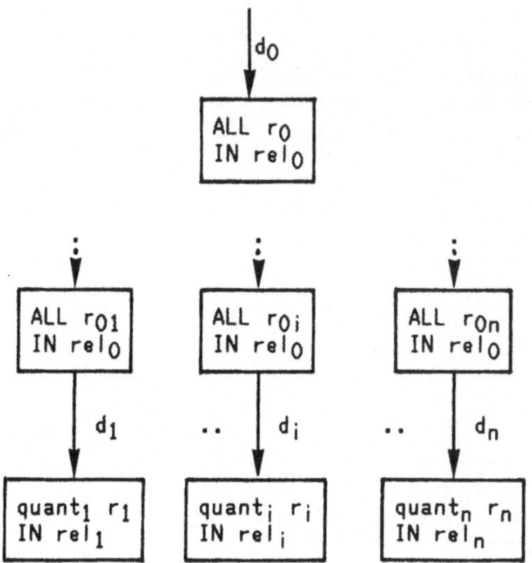

Jeder dieser Teilbäume entspricht einem Prädikat

$$ALL\ r_{0j}\ IN\ rel_0\ (\ quant_j\ r_j\ IN\ rel_j\ (\ d_j(r_{0j},r_j)\ )\ )$$

welches nach Regel B_{4g} (vgl. Tabelle 3.1) äquivalent zu

$$ALL\ r_{0j}\ IN\ rel_0\ (\ quant_j\ r_j\ IN\ rel_j\ (\ d_j(r_{0j},r_j)\ OR\ FALSE)\ )$$

und nach Regel S_3 äquivalent zu

$$ALL\ r_{0j}'\ IN\ \{\ EACH\ r_{0j}\ IN\ rel_0:$$
$$NOT\ quant_j\ r_j\ IN\ rel_j\ (\ d_j(r_{0j},r_j)\ )\ \}\ (\ FALSE\ )$$

ist. Letzteres wiederum ist nach Elimination des Junktors NOT ein einstufiges
Prädikat (siehe Teil 2a2 der GSA-Definition). Teilbäume vom Typ 3 können somit
ebenfalls auf GSAs zurückgeführt werden. Durch vollständige Induktion kann
schließlich gezeigt werden, daß zu einem relationalen Kalkülausdruck mit streng
baumartigem Quantgraph (mit Kanten und Knoten beliebigen Typs) ein äquivalenter GSA
existiert.

Die Korrespondenz mit einem streng baumartigen Quantgraph ist zwar eine
hinreichende Bedingung für die Gutartigkeit eines relationalen Kalkülausdrucks, aber
keine notwendige. Anders ausgedrückt, es gibt auch gutartige Ausdrücke, die nicht
durch einen streng baumartigen Quantgraphen repräsentiert werden. So können
beispielsweise auch Ausdrücke mit schwach zusammenhängenden Quantgraphen, deren
Komponenten jedoch alle streng baumartig sind, ebenfalls den gutartigen Ausdrücken
zugerechnet werden. Den Grund dafür liefert Teil 2a2 der GSA-Definition. Außerdem ist
es in manchen Fällen möglich, die Forderung nach strenger Baumartigkeit des
korrespondierenden Quantgraphen auf einfache Baumartigkeit zu reduzieren. Der
triviale Fall liegt vor, wenn der Graph lediglich EACH-Knoten und SOME-Knoten enthält
(vgl. Lemma 4.1). Schließlich ist auch, wie der folgende Abschnitt zeigt, die
einfache Baumartigkeit eines korrespondierenden Graphen kein notwendiges Kriterium
für die Zuordnung einer Anfrage zu den gutartigen Ausdrücken.

4.3 Bösartige Ausdrücke

Diejenigen relationalen Kalkülausdrücke, die nicht in Komponenten mit monadischen oder einstufigen Selektionsprädikaten zerlegt werden können, seien im folgenden unter dem Begriff **bösartige Ausdrücke** subsumiert. Analog zum vorangehenden Abschnitt wird nun versucht, bösartige Ausdrücke anhand struktureller Eigenschaften ihrer Quantgraphen zu charakterisieren.

4.3.1 Zyklische Ausdrücke

Relationale Kalkülausdrücke mit streng baumartigen Quantgraphen und manche mit einfach baumartigen Graphen sind gutartig. Im folgenden soll nun eine entsprechende Einordung von **zyklischen Ausdrücken**, also von Ausdrücken mit zyklischen Quantgraphen angestrebt werden. Zu diesem Zweck sei die Anfrage aus Beispiel 4.4

```
{ EACH prof IN professors:
  SOME lect IN lectures
    SOME dept IN departments
      (prof.pnr=lect.pnr AND lect.dnr=dept.dnr
      AND dept.city=prof.city) }
```

mit dem zyklischen Quantgraph

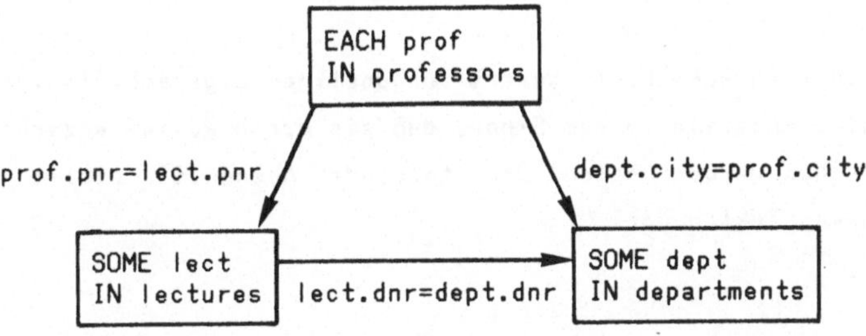

noch einmal aufgegriffen. Die Auswahlbedingung dieser Anfrage ist nicht einstufig, da die Geltungsbereiche der (gebundenen) Variablen lect und dept überlappen. Es gelingt auch nicht, das Prädikat – etwa mittels Schachtelung einer Teilbedingung pred(dept) in den Wertebereich von lect – in eine äquivalente einstufige Form zu überführen, da die Variable dept sowohl mit lect (GB(dept) C GB(dept)) als auch mit prof (GB(dept) C GB(prof)) dyadische Beziehungen eingeht. Auch eine Vertauschung der beiden Bereichsterme 'SOME lect IN lectures' und 'SOME dept IN departments' nach Regel Q_1 hilft in diesem Fall nicht weiter. Die Variable lect übernimmt dann lediglich die Rolle von dept.

Anfragen mit zyklischen Quantgraphen dieser Art sind also bösartig. Es existiert keine Folge von Semijoinoperatoren, die für beliebige Datenbankzustände das korrekte Ergebnis ermitteln. Es gibt sogar Zustände, für die keine denkbare Operatorenfolge einen reduzierenden Effekt auf die beteiligten Bereichsrelationen ausübt.

professors	pnr	pname	status	city
	1	Bolour	assistant	Berkeley
	2	Wasserman	tenure	San Francisco

lectures	dnr	pnr	room	day	daytime
	47	1	502	tuesday	8
	20	2	602	friday	10

departments	dnr	dtype	city
	47	medicine	San Francisco
	20	computer_science	Berkeley

Abbildung 4.1: Ein denkbarer Datenbankzustand für die Anfrage aus Beispiel 4.4.

So erzeugt beispielsweise jeder Operator $Semi(rel_1,d_i,rel_2)$ mit $rel_1,rel_2 \in$ {professors, lectures, departments} und Vergleichstermen $d_i \in$ {'$rel_1.pnr=rel_2.pnr$', '$rel_1.dnr=rel_2.dnr$', '$rel_1.city=rel_2.city$'} für den in Abbildung 4.1 gegebenen Datenbankzustand jeweils die (uneingeschränkte) Relation rel_1 als Zwischenergebnis. Die durch den Zyklus repräsentierte einschränkende Bedingung kommt dadurch nicht zum Tragen.

Nicht alle zyklischen Ausdrücke haben derart ungünstige Eigenschaften. Manche Zyklen in Quantgraphen sind gutartig in dem Sinne, daß sie durch äquivalenzerhaltende Transformationen aufgebrochen werden können. Der folgende Abschnitt stellt einige Techniken zum Aufbrechen von Zyklen vor.

4.3.2 Aufbrechen von Zyklen

Gemäß der Definition von Quantgraphen aus Abschnitt 4.1.1 enthält jeder zyklische oder einfach baumartige Quantgraph mindestens einen Knoten k_i mit (mindestens zwei) einmündenden Prädikatkanten $k_{j1}->k_i$ und $k_{j2}->k_i$ für die gilt $k_{j1} \neq k_{j2}$. Solche Knoten seien im folgenden **Absorber** genannt.

Bei der Suche nach zyklischen Ausdrücken mit gutartigen Eigenschaften sind nun Bedingungen von Interesse, unter denen ein Absorber eliminiert werden kann. Für die Elimination von Absorbern gibt es grundsätzlich zwei Möglichkeiten: Entfernen überflüssiger einmündender Kanten und "Aufspalten" von Knoten.

Eine Kante darf aus einem Quantgraph entfernt werden, wenn der entsprechende Term im Ausdruck redundant ist. Ein Term t_i heißt **redundant**, wenn er aufgrund einer transitiven Beziehung 't_j AND t_k ==> t_i' von anderen Termen t_j und t_k des Ausdrucks impliziert wird. So ist beispielsweise in dem Ausdruck

```
{ EACH r1 IN rel1:
   SOME r2 IN rel2
     SOME r3 IN rel3
       (r1.a=r2.a AND r2.a=r3.a AND r3.a=r1.a) }
```

jeder einzelne Vergleichsterm redundant, wodurch es etwa durch Entfernen der Kante '$r_2.a=r_3.a$' gelingt, den Zyklus im korrespondierenden Graph aufzubrechen.

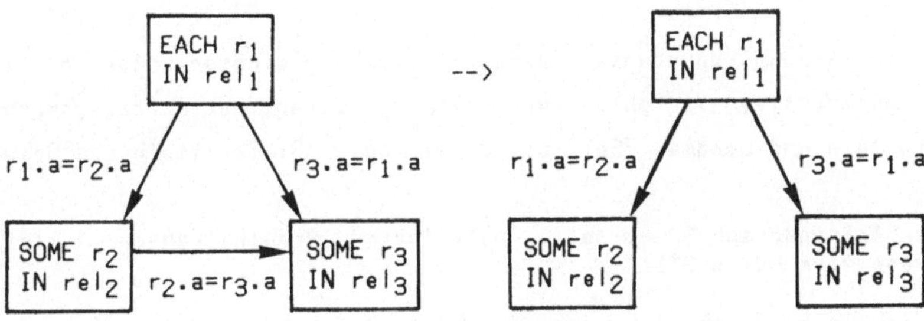

Transitivität läßt sich auch dort nutzen, wo primär noch kein redundanter Term vorliegt. Zum Beispiel gelten in einem Ausdruck

```
{ EACH r1 IN rel1:
   SOME r2 IN rel2
     SOME r3 IN rel3
       (r1.a=r2.a AND r2.a=r3.a AND r3.a=r1.b) }
```

die Implikationen

$$r_1.a=r_2.a \text{ AND } r_2.a=r_3.a \text{ AND } r_3.a=r_1.b ==> r_1.a=r_1.b$$

und

$$r_1.a=r_2.a \text{ AND } r_2.a=r_3.a \text{ AND } r_1.a=r_1.b ==> r_3.a=r_1.b \; .$$

Der dyadische Term '$r_3.a=r_1.b$' kann deshalb durch den pseudodyadischen Term '$r_1.a=r_1.b$' ersetzt und somit der zyklische Quantgraph in einen streng baumartigen umgeformt werden.

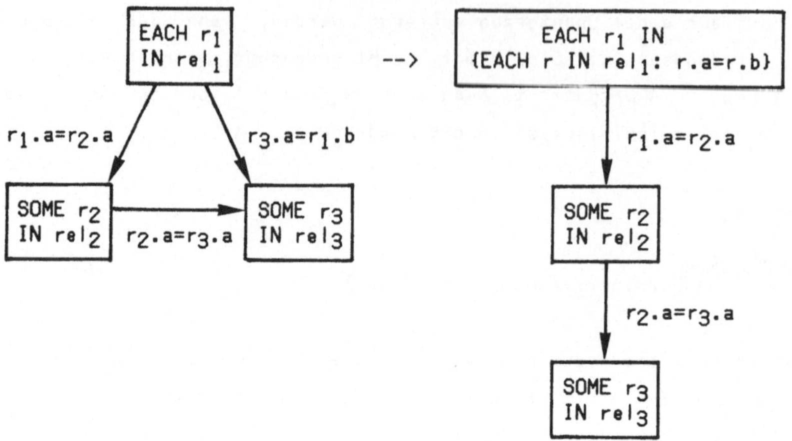

Beide Ansätze zur Entfernung redundanter Terme mit dem Vergleichsoperator '=' lassen sich in einem konstruktiven Verfahren zur Erkennung baumartiger Anfragegraphen zusammenfassen [Bernstein und Goodman 79b; Yu und Ozsoyoglu 79; Bernstein und Chiu 81]:

1. Erweitere den Anfragegraph G um alle ableitbaren Prädikatkanten (bilde die reflexive transitive Hülle G^+).

2. Untersuche, ob ein äquivalenter spannender Baum (ein baumartiger Anfragegraph mit der Knotenmenge von G), d.h. eine minimale baumartige Repräsentation von G^+, existiert.

Verfahren, die auf Ausdrücke mit beliebigen Vergleichsoperatoren anwendbar sind, werden in [Ozsoyoglu und Yu 80; Yu und Ozsoyoglu 80] diskutiert. [Kambayashi et al. 82] beschreiben eine Technik zum Aufbrechen von Zyklen, welche ebenfalls auf das Entfernen von Kanten im Quantgraph hinausläuft. Sie basiert auf einem erweiterten Semijoinoperator Semi+, der in einem Schritt mehrere Attribute berücksichtigt, die an einem Zyklus beteiligt sind.

$$\text{Semi+ } (rel_1,\ a=b,\ rel_2,\ A \subseteq Attr(rel_2))$$
$$\Longleftrightarrow$$
$$\text{Proj } (\text{Join } (rel_1,\ a=b,\ rel_2),\ Attr(rel_1)+A)$$

Ein zyklischer Ausdruck repräsentiert durch den folgenden Quantgraph

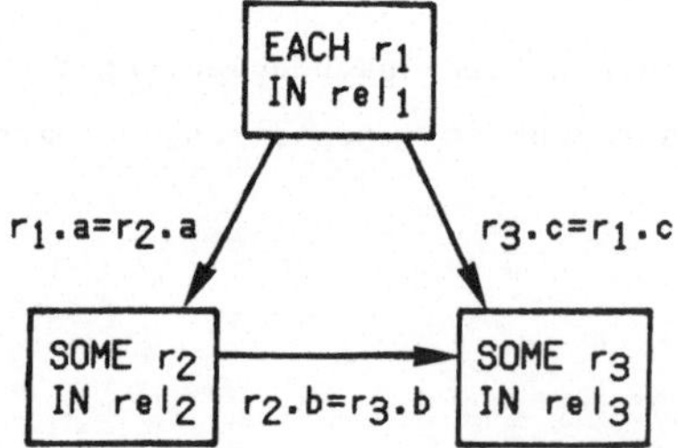

läßt sich damit in zwei Schritten auswerten.

(1) temp   :=   Semi+(rel$_2$,b=b,rel$_3$,{c})
(2) result := Semi(rel$_1$,a=a AND c=c,temp)

Die Anwendung des Operators Semi+ erzeugt eine Relation, die im Vergleich zu rel$_2$ zusätzlich das Attribut c aufweist. Anschaulich gesprochen befördert Semi+ die Bedingung 'r$_3$.c=r$_1$.c' und die c-Attributwerte der Relation rel$_3$ "huckepack" zur Relation rel$_2$, von wo aus sie schließlich in die Berechnung des Resultats eingehen. Streng genommen geht der Semijoin in (2) ebenfalls über die ursprüngliche Definition hinaus (vgl. Abschnitt 4.2.1). Bei seiner Anwendung werden die Elemente von rel$_1$ gegenüber einer Wertemenge geprüft, die sich aus Kombinationen von a- und c-Attributwerten der Relation temp zusammensetzt. Insgesamt entspricht dieses Vorgehen dem Entfernen einer "redundanten" Kante 'r$_3$.c=r$_1$.c' im Quantgraph (Attr(rel$_2$') = Attr(rel$_2$) + {c}).

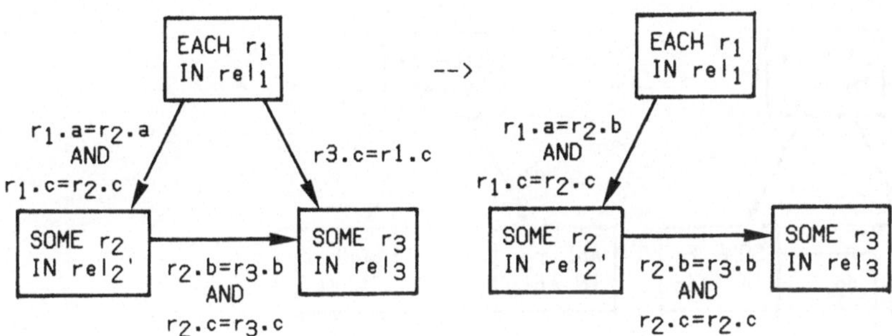

Schließlich werden auch semantische Integritätsbedingungen zum Entfernen von Kanten genutzt. Beispielsweise ist der Term 'r$_1$.a=r$_2$.a' im Prädikat 'r$_1$.x=r$_2$.x AND r$_1$.a=r$_2$.a' redundant, vorausgesetzt die funktionale Abhängigkeit x-->a besteht sowohl in der Bereichsrelation von r$_1$ als auch in der von r$_2$ [Kambayashi und Yoshikawa 83]. Gilt die funktionale Abhängigkeit nur in einer Relation, etwa in rel$_2$, so läßt sie sich durch Anwendung eines Operators Semi(rel$_1$,x=x AND a=a,rel$_2$) temporär in der anderen erzwingen, wonach die Voraussetzung zum Entfernen der Kante erfüllt ist.

Der zweite Ansatz zur Elimination von Absorbern zielt auf die Spaltung solcher Knoten ab. Knotenspaltung bezeichnet eine Transformation der Art

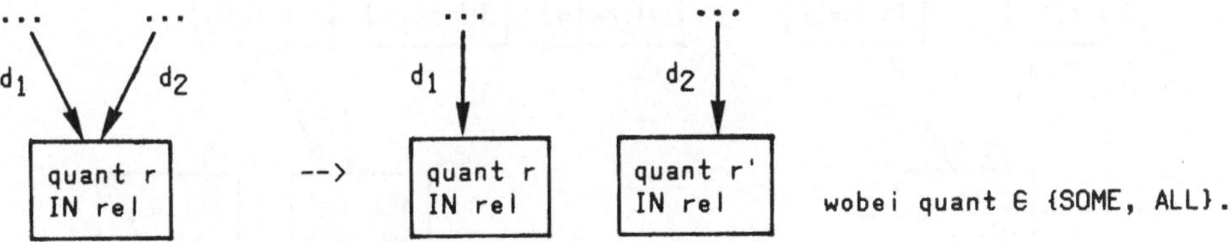

Die entsprechende Transformationsregel des relationalen Kalküls

quant r IN rel (d_1 AND d_2) <==> quant r IN rel (d_1) AND quant r' IN rel (d_2)

gilt in dieser Allgemeinheit jedoch nur für universell quantifizierte Variablen r
(vgl. Tabelle 3.2). [Jarke und Koch 83] ziehen daraus die folgende Konsequenz.

Lemma 4.3: Ein relationaler Ausdruck mit zyklischem oder einfach baumartigem Quantgraph ist gutartig, wenn jeder Absorber im Graph ein ALL-Absorber ist.

Der Beweis dieses Lemmas ergibt sich direkt aus der wiederholten Anwendung von
Transformationsregel Q_4 (siehe Tabelle 3.2). Das folgende Beispiel demonstriert, wie
zyklische und einfach baumartige Quantgraphen durch Spaltung von ALL-Absorbern in
Graphen mit streng baumartigen Komponenten zerlegt werden.

Beispiel 4.6: Aufspalten von ALL-Absorbern.

1. ALL-Absorber in einem einfach baumartigen Quantgraph.

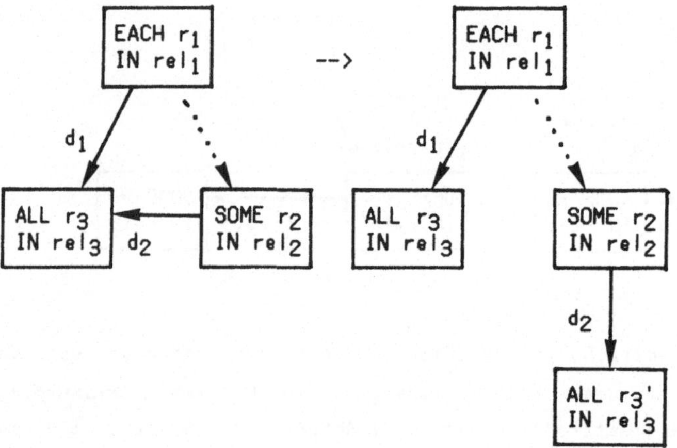

2. ALL-Absorber in einem zyklischen Quantgraph.

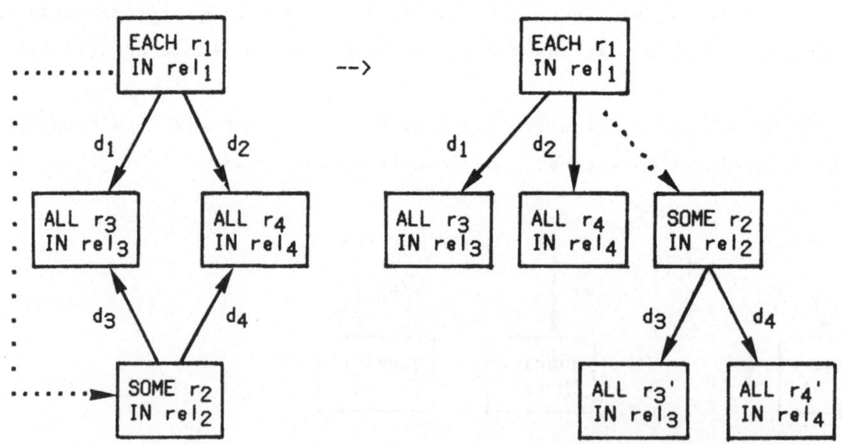

Die Transformationsregeln E_2 bis E_5 aus Tabelle 4.1 geben einen Hinweis darauf, daß Lemma 4.3 noch um eine spezielle Klasse von SOME-Absorbern erweitert werden kann. In diesem Zusammenhang sei in Anlehnung an [Bernstein und Goodman 81a] eine konjunktive Verknüpfung von Termen (bzw. ein Kantenpaar) der Form

$\quad$ x.a op_1 r.a AND y.a op_2 r.a

mit GB(r) C GB(x), GB(r) C GB(y) und $op_1,op_2 \in \{<,\leq\}$ oder $op1,op2 \in \{>,\geq\}$ eine <u>Vergleichsdublette</u> genannt. Damit läßt sich eine günstige Eigenschaft für eine spezielle Klasse von SOME-Absorbern formulieren.

<u>Lemma 4.4:</u> SOME-Absorber mit Vergleichsdubletten sind spaltbar.

<u>Beweis:</u>

Abgeleitet aus den Regeln E_2 bis E_5 aus Tabelle 4.1 ist

$\quad$ (1) SOME r IN rel (x.a op_1 r.a AND y.a op_2 r.a)

mit GB(r) C GB(x), GB(r) C GB(y) und $op_1,op_2 \in \{<,\leq\}$ oder $op_1,op_2 \in \{>,\geq\}$ äquivalent zu

$\quad$ (2) SOME r IN rel (x.a op_1 EXTR(r.a) AND y.a op_2 EXTR(r.a))

wobei EXTR(r.a) bei $op_1,op_2 \in \{<,\leq\}$ das Maximum bzw. bei $op1,op2 \in \{>,\geq\}$ das Minimum von Proj(rel,a) darstellt. Falls r und r' dieselbe Bereichsrelation haben, bezeichnen sowohl EXTR(r.a) als auch EXTR(r'.a) den Wert extremum.a mit extremum IN rel. Somit ist (2) äquivalent zu

$\quad$ (3) SOME r IN rel SOME r' IN rel (x.a op_1 EXTR(r.a) AND y.a op_2 EXTR(r'.a))

und weiterhin gemäß Regel Q_9 äquivalent zu

$\quad$ (4) SOME r IN rel (x.a op_1 EXTR(r.a))
$\qquad$ AND
$\quad$ SOME r' IN rel (y.a op_2 EXTR(r'.a)) .

Die Anwendung von E_2 bis E_5 in umgekehrter Richtung führt schließlich zu

$\quad$ (5) SOME r IN rel (x.a op_1 r.a)
$\qquad$ AND
$\quad$ SOME r' IN rel (y.a op_2 r'.a)

was letztlich der Spaltung des SOME-Absorbers entspricht.

88

Beispiel 4.7 zeigt die Spaltung von SOME-Absorbern mit Vergleichsdubletten in einfach baumartigen und zyklischen Quantgraphen. [Bernstein und Goodman 79a,81b] behandeln entsprechende Transformationen in Graphen, die lediglich EACH-Knoten enthalten.

<u>**Beispiel 4.7:**</u> Aufspalten von SOME-Absorbern mit Vergleichsdubletten.

1. SOME-Absorber in einem einfach baumartigen Quantgraph.

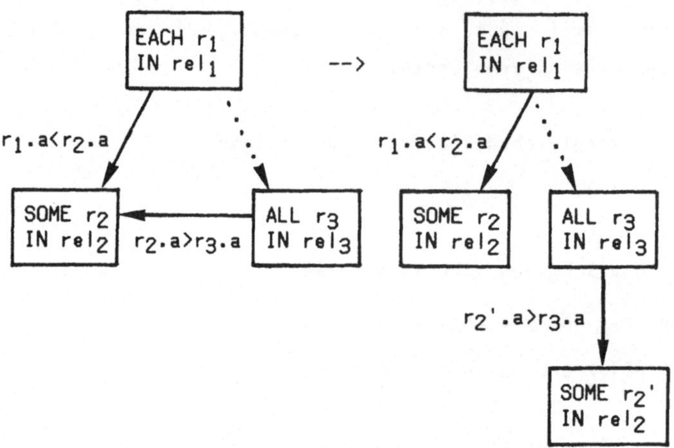

2. SOME-Absorber in einem zyklischen Quantgraph.

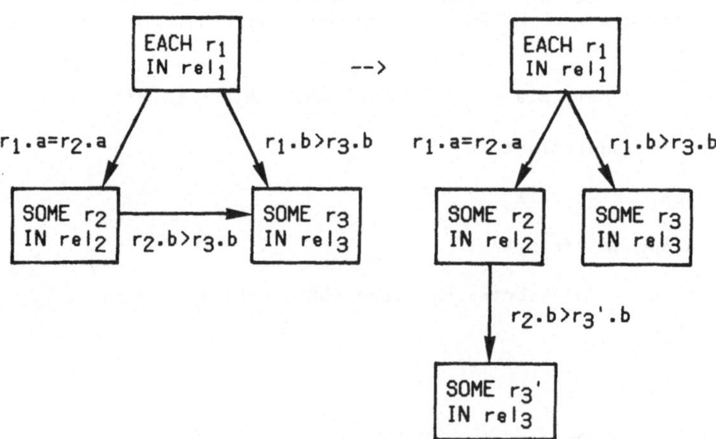

Die obige Diskussion zyklischer Ausdrücke zeigt, daß viele Anfragen, die in ihrer ursprünglichen Formulierung bösartig erscheinen, in äquivalente gutartige Ausdrücke transformiert werden können. Demnach ist die Semijoinreduktion auch auf diese Anfragen anwendbar.

5. Strukturorientierte Anfragezerlegung

Das Konzept der strukturellen Anfrageklassifikation unterteilt die Welt der Anfragen in zwei Hälften. Gutartige Ausdrücke zeichnen sich dadurch aus, daß sie mithilfe eines effizienten Spezialverfahrens (Semijoinreduktion) ausgewertet werden können. Die Auswertung bösartiger Ausdrücke dagegen muß, solange noch kein zur Semijoinreduktion komplementäres Verfahren bekannt ist, auf ein generell anwendbares Verfahren zurückgreifen.

Die Zuordnung einer Anfrage zur Klasse der gutartigen oder der bösartigen Ausdrücke erfolgt im vorangehenden Kapitel anhand der syntaktischen Struktur der Anfrage als Ganzes. Andererseits liegt die Vermutung nahe, daß nicht jede Anfrage eine durchgehend gutartige oder eine durchgehend bösartige Struktur hat. Mit der strukturorientierten Anfragezerlegung wird in diesem Kapitel die Idee verfolgt, einen vorliegenden relationalen Kalkülausdruck in Bestandteile mit unterschiedlicher syntaktischer Struktur (gutartige oder bösartigen Komponenten) zu zerlegen. Diese Art der Zerlegung erweitert den Anwendungsbereich der Semijoinreduktion in dem Sinne, daß einstufige und rein monadische (und damit gutartig strukturierte) Teilbedingungen innerhalb partiell gutartiger Ausdrücke (Ausdrücke, die sowohl gutartige als auch bösartige Komponenten enthalten) isoliert und damit dem effizienten Spezialverfahren zugänglich gemacht werden.

Der folgende Abschnitt motiviert diese Vorgehensweise anhand eines Beispiels. Anschließend wird ein zur Zeit der Übersetzung von Datenbankprogrammen anwendbarer Algorithmus vorgestellt, der den Syntaxbaum eines relationalen Kalkülausdrucks strukturorientiert zerlegt. Ein Vergleich des Algorithmus mit der im Datenbanksystem INGRES [Stonebraker et al. 76] praktizierten Anfragezerlegung und die Diskussion einiger Erweiterungsmöglichkeiten runden dieses Kapitel ab.

5.1 Motivation

Bezüglich der Rolle der strukturellen Anfrageklassifikation in einer Gesamtstrategie zur Anfrageoptimierung sind mehrere Alternativen denkbar, die sich in der zugrundeliegenden Anfragerepräsentationsform, in den benutzten Auswertungsverfahren und im Optimierungszeitpunkt (Übersetzungszeit vs. Laufzeit) unterscheiden. Eine naheliegende, auf dem Quantgraph basierende Strategie ist die folgende:

1. Repräsentiere die Anfrage (wenn möglich) als Quantgraph (siehe Abschnitt 4.1).

2. Versuche eventuell im Graph vorkommende Zyklen aufzubrechen (Abschnitt 4.3).

3. Werte die Anfrage mittels Semijoinreduktion aus, falls der aus Schritt zwei
   resultierende Quantgraph streng baumartig ist (siehe Abschnitt 4.2).

4. Im anderen Fall (Quantgraph nicht streng baumartig oder Anfrage nicht als
   Quantgraph repräsentierbar) werte die Anfrage mittels eines generell anwendbaren
   Auswertungsverfahrens aus (siehe Abschnitt 3.1).

Diese Strategie weist jedoch mehrere Nachteile auf. Zum einen ist die
Anfragerepräsentation mit Hilfe von Quantgraphen nur für Variablen mit nichtleeren
Wertebereichen definiert. Aus diesem Grund ist die Strategie lediglich zur Laufzeit
eines Datenbankprogramms durchführbar, nachdem eine Anfrage mit leeren Bereichsrelationen bereits entsprechend vereinfacht wurde. Zum anderen beschränkt die
Quantgraph-Repräsentation die Anwendbarkeit der effizienten Semijoinreduktion von
vorne herein auf konjunktive Anfragen, während in Abschnitt 4.2.2 gezeigt wurde, daß
auch Ausdrücke mit disjunktiv verknüpften Teilbedingungen in der Klasse GSA enthalten
sind und somit entsprechend effizient ausgewertet werden können. Darüberhinaus kommt
in dieser Strategie die Semijoinreduktion nur dann zum Zug, wenn die Gesamtstruktur
der Anfrage gutartig bzw. der korrespondierende Quantgraph streng baumartig ist.

Beispiel 5.1: Relationaler Kalkülausdruck und korrespondierender Quantgraph mit
partiell gutartiger Struktur: "Professoren mit Veröffentlichungen
und mit Kollegen, die an dem Ort lehren, wo sie wohnen".

Flacher relationaler Kalkülausdruck:

```
{ EACH prof₁ IN professors:
  SOME pap IN papers (prof₁.pnr = pap.pnr)
    AND
  SOME prof₂ IN professors
   (prof₁.pnr ≠ prof₂.pnr
      AND
    SOME lect IN lectures
      SOME dept IN departments
        (prof₂.pnr = lect.pnr AND lect.dnr = dept.dnr
         AND prof₂.city = dept.city)) }
```

Korrespondierender Quantgraph:

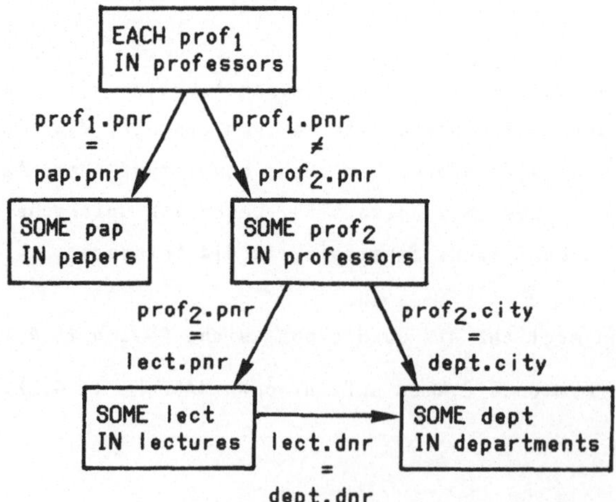

Andererseits ist die Struktur mancher Anfragen nur partiell gutartig in dem Sinne, daß ihr Quantgraph baumartige und zyklische Subgraphen enthält. Beispiel 5.1 zeigt eine solche Anfrage mit partiell gutartiger Struktur. Die Knoten mit den Variablen $prof_2$, lect und dept bilden einen Zyklus während zwischen den Variablen $prof_1$, pap und $prof_2$ eine streng baumartige Beziehung besteht. Wenn es gelingt, solche Anfragen in ihre strukturell unterschiedlichen Bestandteile zu zerlegen, wird der Anwendungsbereich der Semijoinreduktion maßgeblich erweitert. Die einzelnen Bestandteile können dann strukturspezifisch ausgewertet werden: gutartig strukturierte Teilausdrücke mittels Semijoinreduktion, bösartige mit einem generell anwendbaren Verfahren.

Beispiel 5.2: Strukturorientierte Zerlegung der Anfrage aus Beispiel 5.1 mittels Bereichsschachtelung.

Geschachtelter Ausdruck:

```
{ EACH prof₁ IN professors:
  SOME pap IN papers (prof₁.pnr = pap.pnr)
    AND
  SOME prof₂' IN { EACH prof₂ IN professors:
                   SOME lect IN lectures
                     SOME dept IN departments
                       (prof₂.pnr=lect.pnr AND lect.dnr=dept.dnr
                       AND prof₂.city=dept.city)) }
   (prof₁.pnr≠prof₂'.pnr) }
```

Korrespondierende Graphkomponenten:

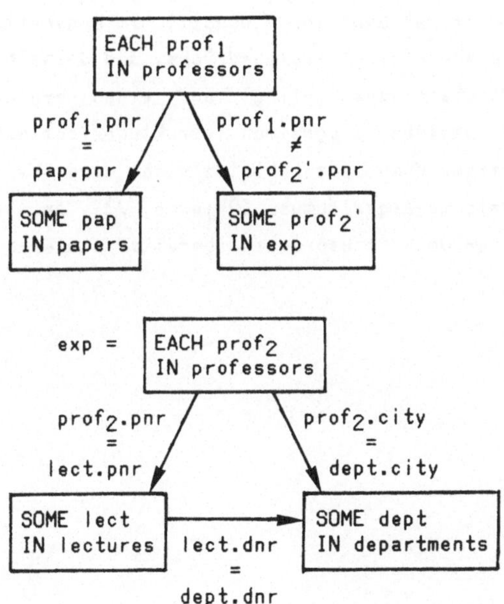

Beispiel 5.2 demonstriert, wie das Konzept der Bereichsschachtelung zur strukturorientierten Anfragezerlegung eingesetzt werden kann. Durch Anwendung der Schachtelungsregel S_2 auf die Anfrage aus Beispiel 5.1 entsteht auf der äußeren Schachtelungsstufe ein Ausdruck mit einstufiger Auswahlbedingung. Der Wertebereich der Variablen $prof_2'$ isoliert dabei denjenigen Teil der Anfrage, der nicht mittels Semijoinreduktion ausgewertet werden kann. Auf der Ebene von Quantgraphen bedeutet dies eine Zerlegung in einen streng baumartigen und einen zyklischen Subgraph.

Diese Überlegungen motivieren eine Strategie, die einen vorliegenden Ausdruck des relationalen Kalküls zunächst in **gutartige Komponenten** (Teilausdrücke mit monadischen oder einstufigen Auswahlbedingungen) und, falls vorhanden, in **bösartige Komponenten** (Teilausdrücke mit allen anderen Auswahlbedingungen) zerlegt und anschließend die einzelnen Teilausdrücke strukturspezifisch auswertet. Von der strukturorientierten Anfragezerlegung wird darüberhinaus gefordert, daß sie einen gutartigen Ausdruck in einen äquivalenten generalisierten Semijoinausdruck transformiert.

1. Zerlege die Anfrage in gutartige und bösartige Komponenten (transformiere die Anfrage in eine geschachtelte, möglichst GSA - ähnliche Form).

2. Werte die Anfrage komponentenweise aus, d.h. gutartige Komponenten mittels Semijoinreduktion und bösartige Komponenten mit einem generell anwendbaren Verfahren.

Zur internen Anfragerepräsentation wird hier der Syntaxbaum benutzt. Im Gegensatz zum Quantgraph sind damit beliebige (geschachtelte) Kalkülausdrücke, und deshalb auch alle gutartigen Ausdrücke darstellbar. Darüberhinaus gelingt es, einen Syntaxbaum schon zur Zeit der Übersetzung von Datenbankprogrammen strukturorientiert zu zerlegen. Bezüglich der Auswertung bösartiger Komponenten bietet sich eine Variante [Jarke und Schmidt 81,82] des Palermo-Algorithmus [Palermo 72] an, deren Brauchbarkeit im Kontext kalkülorientierter Datenbanksprachen bereits erwiesen ist (vgl. Abschnitt 3.3.4).

5.2 Strukturorientierte Zerlegung relationaler Kalkülausdrücke

Dieser Abschnitt skizziert einen Algorithmus zur Transformation von flachen relationalen Kalkülausdrücken in eine möglichst GSA-ähnliche Form. Die einzelnen Transformationsschritte, nämlich die Separierung von Variablengeltungsbereichen, die Isolierung strukturell unterschiedlicher Anfragekomponenten mittels Bereichsschachtelung und eine besondere Form der Standardisierung (robuste Standardisierung) werden durch Operationen auf dem Syntaxbaum der Anfrage definiert. Schließlich wird die Arbeitsweise des Gesamtalgorithmus anhand eines ausführlichen Beispiels veranschaulicht.

5.2.1 Separierung

Aus der Definition einstufiger Selektionsprädikate geht hervor, daß die Geltungsbereiche gebundener Variablen in einer gutartigen Komponente paarweise disjunkt sind. Betrachtet man etwa den flachen relationalen Ausdruck


```
(1)  {EACH l in lectures:
       SOME p IN professors
         SOME d IN departments
           (l.pnr = p.pnr AND l.dnr = d.dnr AND
            p.status = assistant AND d.dtype = medicine)}
```

und den äquivalenten GSA,


```
(2)  { EACH l IN lectures:
        SOME p' IN { EACH p IN professors:
                 p.status = assistant } (l.pnr = p'.pnr)
         AND
        SOME d' IN { EACH d IN departments:
                 d.dtype = medicine } (l.dnr = d'.dnr) }
```

so erfordert eine Transformation von (1) nach (2) zunächst die Separierung der Geltungsbereiche der Variablen p und d im Sinne von


```
{ EACH l IN lectures:
    SOME p IN professors (l.pnr = p.pnr AND p.status = assistant)
      AND
    SOME d IN departments (l.dnr = d.dnr AND d.dtype = medicine) }
```

bevor die eigentliche Schachtelung ansetzen kann. Auch das Aufbrechen von Zyklen und somit die Verbesserung der Anfragestruktur hängt mit der Separierung von Variablengeltungsbereichen zusammen. Im nachfolgenden Quantgraph beispielsweise bewirkt die Spaltung des ALL-Absorbers eine Separierung der ursprünglich überlappenden Geltungsbereiche der Variablen r_2 und r_3.

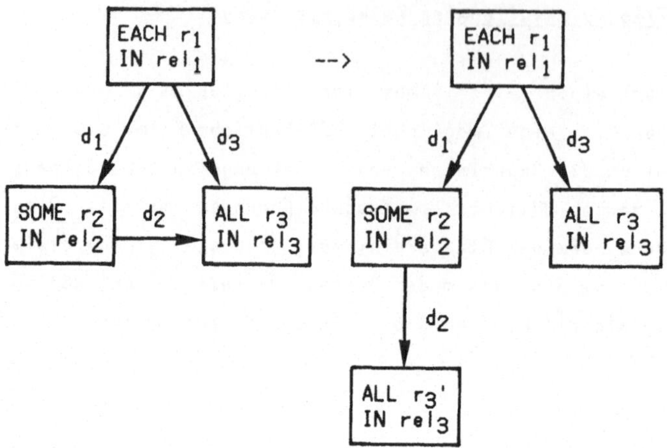

Im Syntaxbaum bedeutet die Separierung von Variablengeltungsbereichen ein "nach unten Schieben" von Bereichstermen. Aus der Tabelle 3.2 lassen sich für einen Ausdruck der Form

$$\text{quant } r \text{ IN rel } (pred_1 \text{ junct } pred_2)$$

mit quant $\in$ {SOME,ALL} und junct $\in$ {AND,OR} drei Klassen von separierenden (Syntaxbaum-) Transformationen ableiten (der Junktor 'NOT' wird bereits vor der Separierung eliminiert - siehe Abschnitt 5.2.4).

Die Klassifizierung dieser Transformationen erfolgt anhand der Prädikatvariablen (vgl. Abschnitt 2.1.1) der Teilbedingungen $pred_1$ und $pred_2$. Transformationen der ersten Gruppe (T_1) setzen voraus, daß sowohl $pred_1$ als auch $pred_2$ die Variable r enthalten. Falls eine der Teilbedingungen die Variable r nicht enthält, sind Transformationen vom Typ T_2 anwendbar. T_3 schließlich setzt voraus, daß weder $pred_1$ noch $pred_2$ die Variable r enthalten.

T_1: $r \in PV(pred_1)$ und $r \in PV(pred_2)$

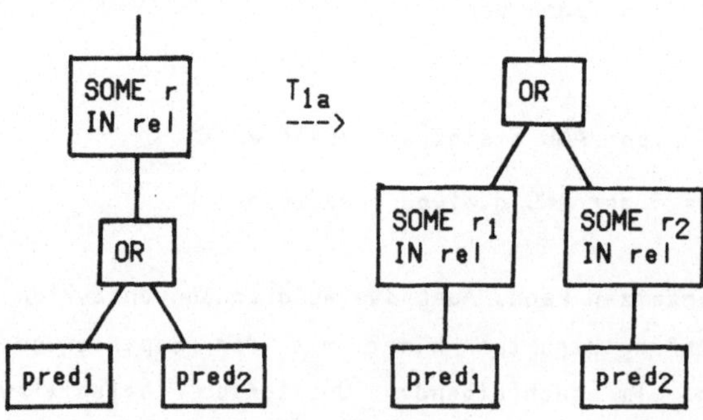

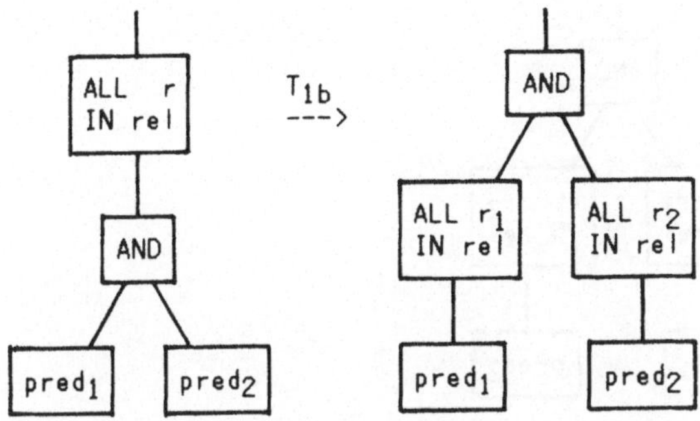

T_{1a} und T_{1b} entsprechen den Regeln Q_3 und Q_4. In der Terminologie von Quantgraphen handelt es sich bei T_{1b} um das Aufspalten von ALL-Absorbern, falls $pred_1$ und $pred_2$ dyadische Terme $d(r,r_i)$ mit $GB(r) \subset GB(r_i)$ enthalten.

T_2: NOT $(r \in PV(pred_1))$ und $r \in PV(pred_2)$

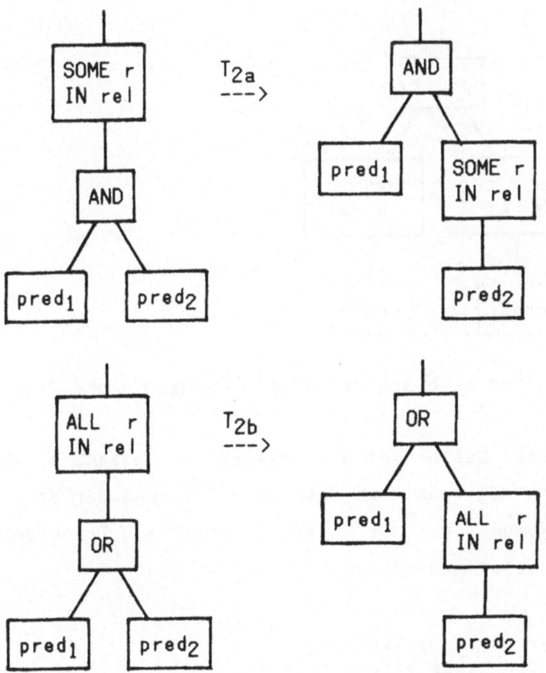

T_{2a} und T_{2b} entsprechen den Regeln Q_9 und Q_{12}.

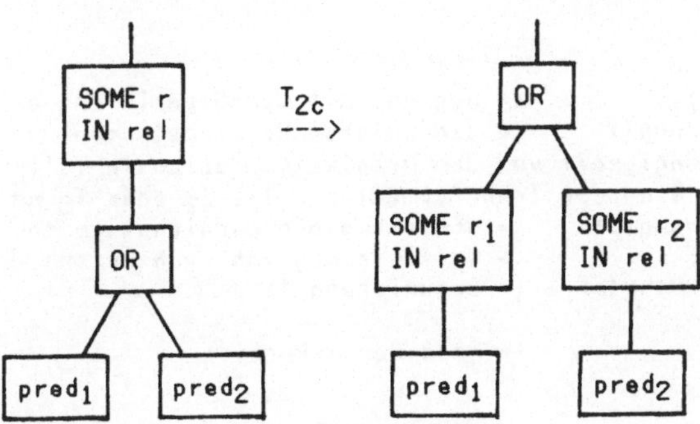

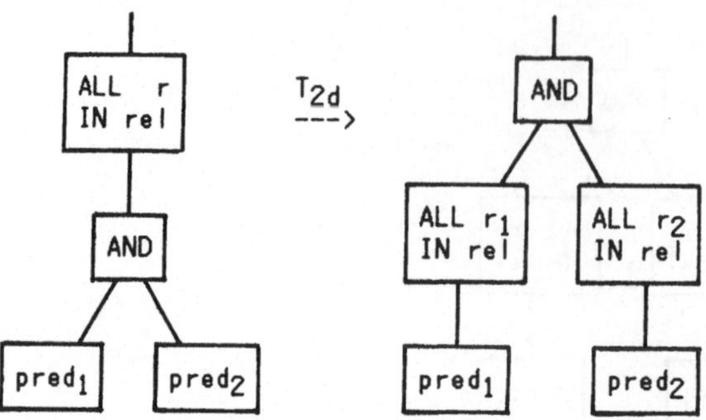

Im Gegensatz zu T_{2a} und T_{2b} ist es bei T_{2c} und T_{2d} erforderlich, daß auch $pred_1$ im Geltungsbereich einer Variablen mit Bereichsrelation rel liegt, da sonst im Falle von rel = { } der transformierte Syntaxbaum nicht mehr äquivalent zum ursprünglichen ist.

T_3: NOT $(r \in PV(pred_1)$ oder $r \in PV(pred_2))$

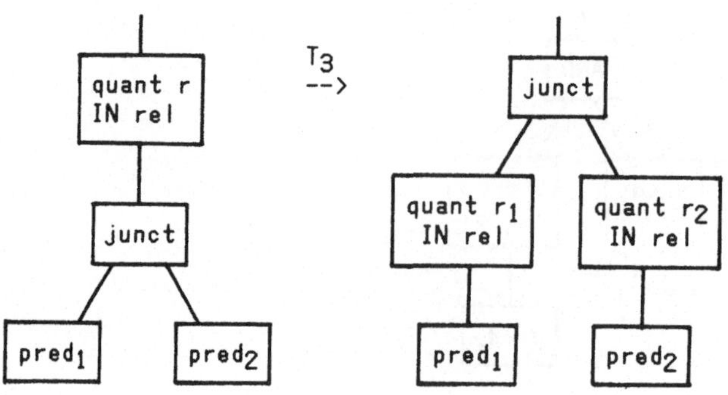

Transformationen vom Typ T_3 ergeben sich aus den Regeln Q_3, Q_4, Q_{13} und Q_{14}.

Die nachfolgende Prozedur 'Separierung' beschreibt die rekursive Anwendung solcher Transformationen zum Zwecke einer möglichst weitgehenden Trennung der Variablen-geltungsbereiche in einem Syntaxbaum s. Da jede einzelne Transformation äquivalenzerhaltend ist gilt s <==> Separierung(s).


```
PROCEDURE Separierung (s: Syntaxbaum): Syntaxbaum;
(* Die Funktion 'Sohn' liefert die Menge aller Teil-
   bäume, die direkt mit Wurzel(s) verbunden sind. *)
VAR t: Syntaxbaum;
BEGIN
  CASE Knotentyp(Wurzel(s)) OF

    Bereichsterm: t := Sohn(s);          (* beginne mit der Separierung an *)
                  t := Separierung(t);   (* den unteren Bereichstermen     *)
                  wende in Abhängigkeit von den Prädikatvariablen in Teil-
                  bäumen von s eine der Transformationen T1, T2 oder T3 an;
                  s := Separierung(s)    (* schiebe einen Bereichsterm so   *)
                                         (* weit wie möglich nach unten     *)
  : Junktor:      für alle t ∈ Sohn(s) t := Separierung(t);

  : Vergleichsterm:                      (* Ende der Rekursion              *)

  END; RETURN s;
END Separierung;
```

Die Wirkungsweise dieser Prozedur sei am Syntaxbaum von Ausdruck (1) erläutert.

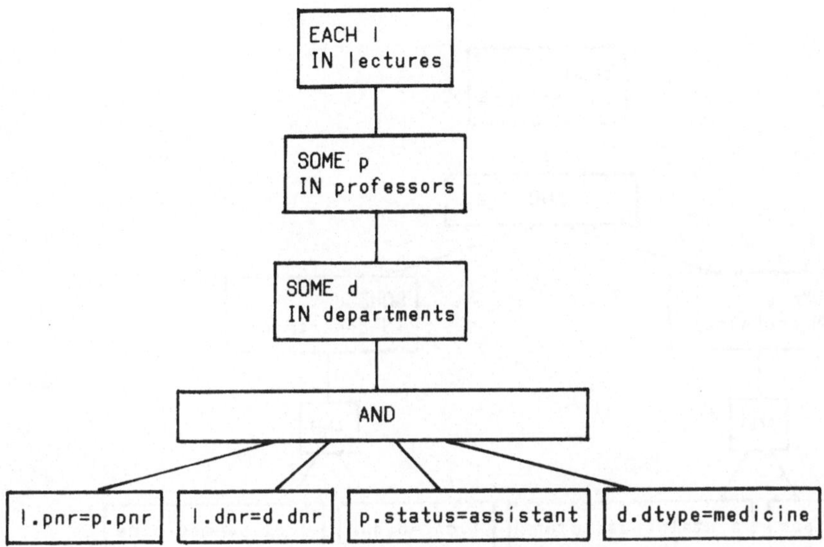

Im ersten Schritt bewirkt eine Transformation vom Typ T_{2a} eine Verschiebung des Bereichsterms 'SOME d IN departments'. Im Geltungsbereich der Variablen d liegen dann nur noch Terme t_i mit $d \in PV(t_i)$.

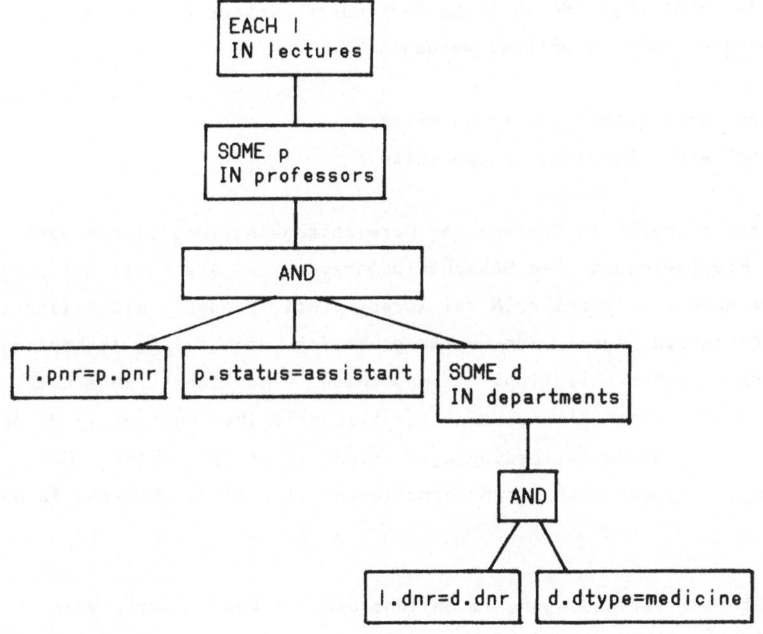

Es folgt eine entsprechende Manipulation des Terms 'SOME p IN professors', wonach die Geltungsbereiche der Variablen p und d disjunkt sind.

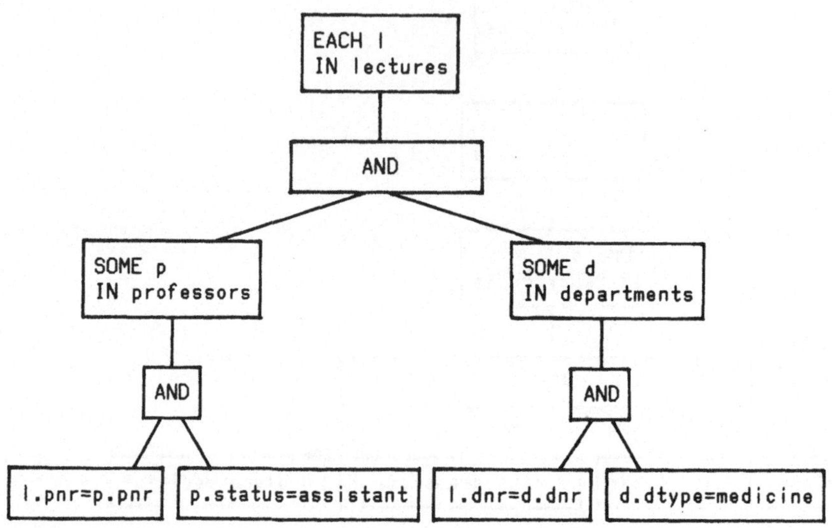

5.2.2 Schachtelung

Im Rahmen der Transformation von flachen (separierten) relationalen Ausdrücken in eine äquivalente, möglichst GSA-ähnliche Form müssen insbesondere zwei von ihrer Natur her symmetrische Aufgaben bewältigt werden:

1. Erkennen und Isolieren gutartiger Komponenten.
2. Erkennen und Isolieren bösartiger Komponenten.

Das im vorigen Kapitel eingeführte Konzept der Bereichsschachtelung bildet auch hier die Grundlage zur Problemlösung. Die Schachtelungsregeln aus Abschnitt 4.1.2 setzen voraus, daß in einem Ausdruck 'quant r IN rel (pred$_1$ junct pred$_2$)' mindestens eine der beiden Teilbedingungen lokal zum Geltungsbereich von r ist. Im Kontext der Isolierung strukturell unterschiedlicher Komponenten sind daher zunächst zwei Situationen zu unterscheiden: (1) nur eine der beiden Teilbedingungen (z.B. pred$_1$) ist lokal zu GB(r) und (2) beide Teilbedingungen sind lokal zu GB(r). Die unter diesen Voraussetzungen anwendbaren Transformationen sind in den Klassen T$_4$ und T$_5$ zusammengefaßt.

Andererseits ist jede Teilbedingung im Geltungsbereich von r lokal, wenn r die einzige freie Variable im Ausdruck ist. Eine Anwendung der Regel T$_{5a}$ hat in dieser Situation keinerlei zerlegende Wirkung. Zwecks einer gezielten Isolierung qualitativ unterschiedlicher Komponenten ist daher eine strengere Differenzierung erforderlich. Die Transformation T_6 berücksichtigt, ob eine Teilbedingung gutartig (monadisch oder einstufig) ist oder nicht.

T_4: $pred_1$ ist lokal zu GB(r), $pred_2$ nicht

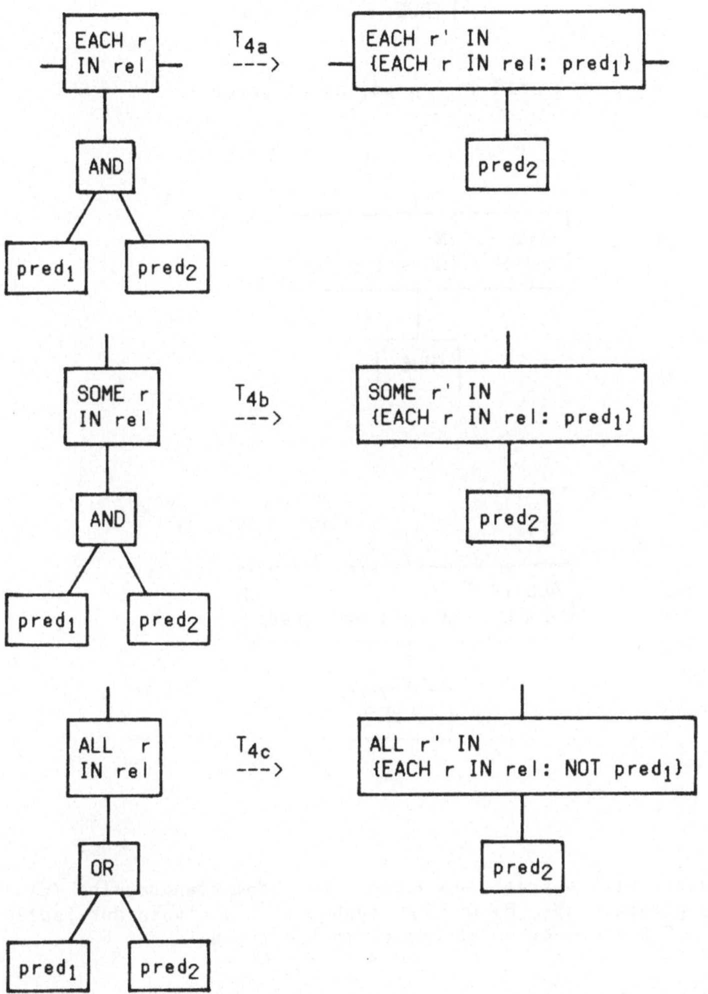

T_{4a}, T_{4b} und T_{4c} reflektieren die Schachtelungsregeln S_1, S_2 und S_3. Der neu gebildete Bereichsausdruck {EACH r IN rel: $pred_1$} läßt sich ebenfalls durch einen Syntaxbaum repräsentieren. Abschnitt 6.2.1 beschreibt eine Datenstruktur für solche "geschachtelten" Syntaxbäume. Die zusätzlichen Verbindungen am Bereichsknoten in T_{4a} besagen, daß der Ausdruck mehr als eine freie Variable hat.

Bei der Anwendung dieser Transformationen muß beachtet werden, daß $pred_2$ selbst keine Teilbedingung enthält, die lokal zu GB(r) ist. Erst dann ist gewährleistet, daß eine Komponente mit einstufiger Auswahlbedingung nicht mehr weiter zerlegt wird. Die endgültige Isolierung gutartiger und bösartiger Komponenten erfolgt durch Transformation T_6.

T$_5$: pred$_1$ und pred$_2$ sind lokal zu GB(r)

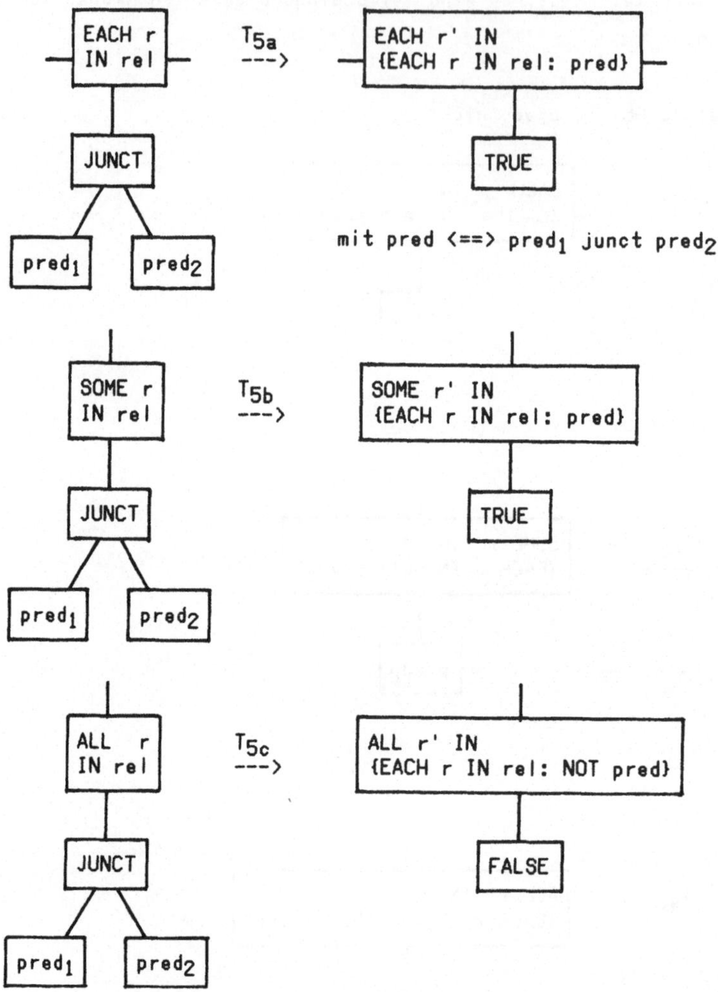

T$_{5a}$, T$_{5b}$ und T$_{5c}$ setzen sich aus der Anwendung von Idempotenzregeln (B$_{4i}$ und B$_{4j}$) und Schachtelungsregeln (S$_1$, S$_2$ und S$_3$) zusammen. Sie dienen der Isolierung der in Abschnitt 4.2.2 beschriebenen entkoppelten Ausdrücke.

T_6: $pred_1$ ist monadisch, $pred_2$ nicht
oder
$pred_1$ ist einstufig, $pred_2$ nicht monadisch

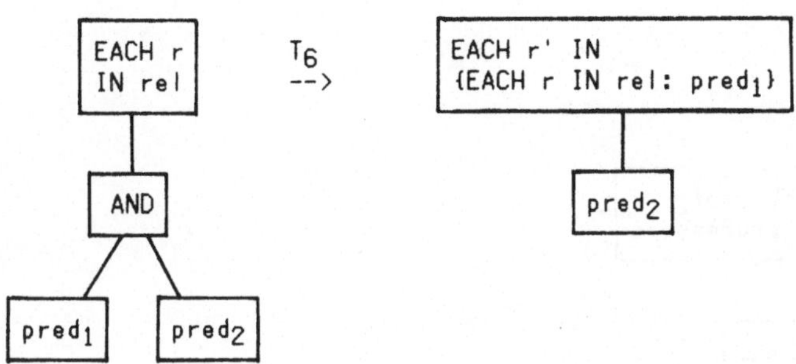

T_6 trennt gutartige und bösartige Komponenten. Bei gutartigen Ausdrücken wird darüberhinaus unterschieden, ob es sich um eine Komponente mit monadischer oder um eine mit einstufiger Auswahlbedingung handelt.

Die Beweisskizzen der Lemmata 4.1 und 4.2 motivieren die rekursive Prozedur 'Schachtelung'. Darin werden Transformationen vom Typ T_4, T_5 und T_6 ausgehend von den Blättern des Syntaxbaums in einer bottom-up Vorgehensweise angewandt. Anschaulich gesprochen handelt es sich um eine schrittweise Beschneidung des Syntaxbaums. Analog zur Separierung gilt s <==> Schachtelung(s).

```
PROCEDURE Schachtelung (s: Syntaxbaum): Syntaxbaum;
VAR t: Syntaxbaum;
BEGIN
  CASE Knotentyp(Wurzel(s)) OF

    Bereichsterm:

      t := Sohn(s);          (* beginne mit der Schachtelung  *)
      t := Schachtelung(t);  (* an den unteren Bereichstermen *)
      wende in Abhängigkeit von der Lokalität der Teilbäume
      von s eine der Transformationen T4, T5 oder T6 an;

    : Junktor:

      für alle t ∈ Sohn(s) t := Schachtelung(t);

    : Vergleichsterm:         (* Ende der Rekursion            *)

  END;
  RETURN s;
END Schachtelung;
```

Die Arbeitsweise der Prozedur 'Schachtelung' sei am (separierten) Syntaxbaum der Anfrage aus Beispiel 5.1 illustriert.

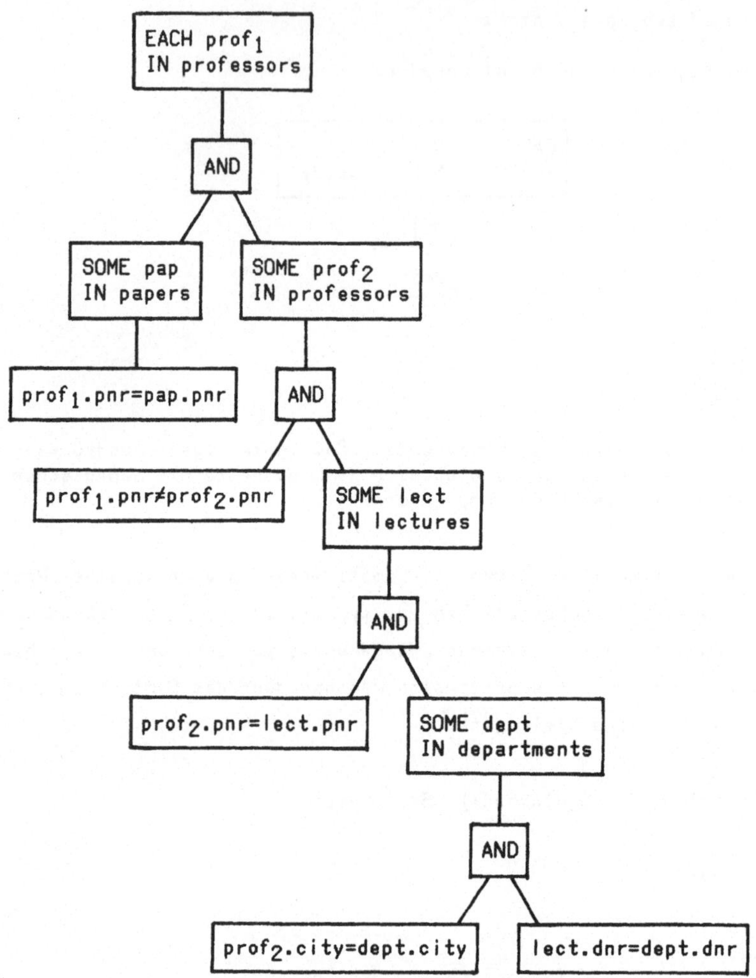

Zunächst wird am Bereichsknoten der Variablen pap geprüft, ob eine Transformation vom Typ T_4, T_5 oder T_6 anwendbar ist. Dies ist nicht der Fall, da der Term 'prof₁.pnr=pap.pnr' nicht lokal zu GB(pap) ist. Nach rekursivem Abstieg zum Bereichsknoten der Variablen dept wird ebenfalls festgestellt, daß keine Schachtelung möglich ist. Die gleiche Situation liegt bei der Variablen lect vor. Weder der Vergleichsterm 'prof₂.pnr=lect.pnr' noch das Prädikat 'SOME dept IN departments (lect.dnr=dept.dnr AND prof₂.city=dept.city)' sind lokal zu GB(lect). Andererseits ist der gesamte Teilbaum mit der Wurzel 'SOME lect IN lectures' lokal zum Geltungsbereich der Variablen prof₂. Dies ermöglicht eine Transformation vom Typ T_{4b}, welche auf der äußersten syntaktischen Ebene einen Ausdruck mit einstufiger Auswahlbedingung erzeugt.

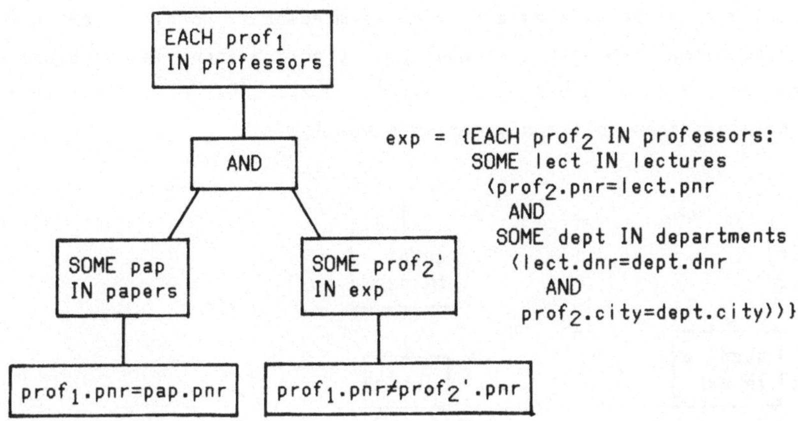

Der Bereichsausdruck exp isoliert den bösartigen Teil der Anfrage. Im Zuge der Vorbereitung zur strukturspezifischen Auswertung muß diese Komponente jedoch noch entsprechend standardisiert werden.

5.2.3 Robuste Standardisierung

Das gewählte Auswertungsverfahren für bösartige Komponenten setzt voraus, daß deren Auswahlbedingungen in disjunktiver Pränex Normalform (DPNF) vorliegen. Es werden also Syntaxbäume der Form

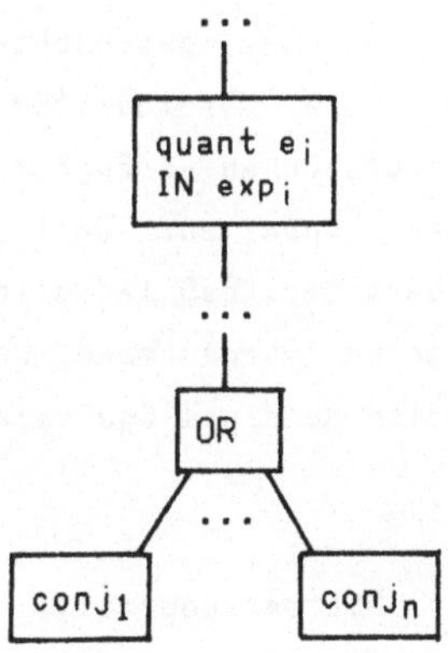

erwartet, wobei jedes exp_i entweder eine Bereichsrelation oder ein Bereichsausdruck ist und die Konjunktionen $conj_1$ bis $conj_n$ keine Bereichsterme enthalten.

In Abschnitt 3.3.2 ist bereits darauf aufmerksam gemacht worden, daß das zur Erzeugung von Pränex Normalform erforderliche "nach oben Schieben" von Bereichstermen datenabhängig ist (vgl. Regeln Q_9 bis Q_{12} in Tabelle 3.2). Für die vier möglichen Junktor/Quantor Kombinationen in Transformationen vom Typ T_7

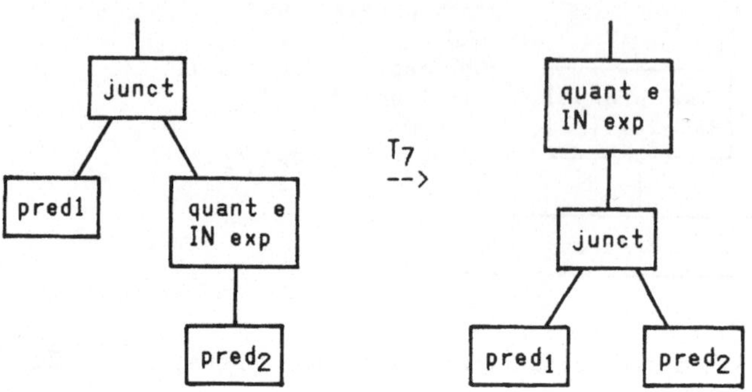

gilt

junct	quant	
OR	ALL	} T_7 ist unabhängig vom Datenbank-
AND	SOME	} zustand äquivalenzerhaltend.
OR	SOME	} T_7 ist keine Äquivalenztransformation,
AND	ALL	} falls exp = { }.

Eine äquivalenzerhaltende Umformung in DPNF kann somit erst zur Laufzeit eines Datenbankprogramms, genauer gesagt während der Auswertung des geschachtelten Ausdrucks, durchgeführt werden, wenn die Information über die Kardinalität von Bereichsrelationen oder von bereits ausgewerteten Bereichsausdrücken verfügbar ist. Es besteht jedoch die Möglichkeit, die Standardisierung schon zur Zeit der Übersetzung von Datenbankprogrammen in dem Sinne vorzubereiten, daß lediglich im Falle leerer Wertebereiche zur Zeit der Auswertung Korrekturen vorgenommen werden müssen, die letztlich zu einer mit dem nicht standardisierten Ausdruck äquivalenten Form führen [Koch 79].

Eine potentiell fehlerhafte Umformung in DPNF zur Übersetzungszeit, die gegebenenfalls eine Laufzeitkorrektur ermöglicht, wird im folgenden __robuste__ __Standardisierung__ genannt. Zur Herleitung einer entsprechenden Standardisierungs- und Korrekturprozedur ist die Einführung einiger Begriffe hilfreich.

Eine Variable v heißt eine **Vorgängervariable** des Terms t, wenn gilt t $\in$ GB(v). Die **Vorgängermenge** VM(t) bezüglich eines Terms t enthält alle Vorgängervariablen von t (VM(t) = {v : t $\in$ GB(v)}). Der **direkte Vorgänger** vd(t) ist diejenige Variable v_i $\in$ VM(t) für die keine andere Variable v_j $\in$ VM(t) mit GB(v_j) $\subset$ GB(v_i) existiert. Im nachfolgenden Syntaxbaum gilt somit vd($term_1$) = vd(SOME e_2 IN exp_2) = e_1, vd($term_2$) = vd($term_3$) = e_2, VM($term_1$) = VM(SOME e_2 IN exp_2) = {e_1} und VM($term_2$) = VM($term_3$) = {e_1,e_2}.

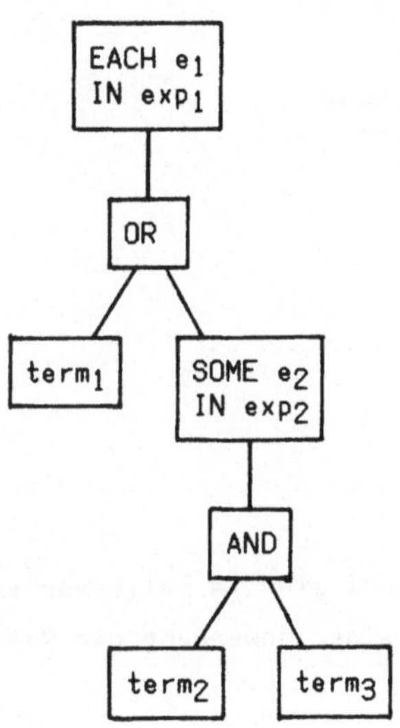

Das zum Geltungsbereich von Variablen symmetrische Konzept der Vorgängermenge (GB(v) = {t : v $\in$ VM(t)}) bildet die Grundlage für eine spezielle Art von Prädikatvereinfachungen im Falle leerer Wertebereiche. Die Prozedur 'Korrektur' ersetzt in jedem Rekursionsschritt eine Teilbedingung 'quant r IN { } (pred)' durch eine Verknüpfung pred' von booleschen Termen t (t = TRUE im Falle universeller Quantifikation bzw. t = FALSE im Falle existentieller Quantifikation). Aufgrund der Idempotenzregeln B_4 ist pred' äquivalent zu TRUE bzw. FALSE, vorausgesetzt pred' enthält lediglich die Junktoren AND und OR. Die Prozedur 'Korrektur' entspricht somit einer (Mehrfach-) Anwendung von Vereinfachungsregeln L_3 und L_4 (siehe Tabelle 3.3).

```
PROCEDURE Korrektur (s: Syntaxbaum): Syntaxbaum;
VAR t: Syntaxbaum;
BEGIN
  CASE Knotentyp(Wurzel(s)) OF

    Bereichsterm: (* quant e IN exp *)

      IF exp = { } THEN
        ersetze jeden Vergleichsterm t_i mit e ∈ VM(t_i)
        durch TRUE, falls quant = ALL, bzw. durch FALSE,
        falls quant = SOME;
        eliminiere alle Bereichsterme t_j mit e ∈ VM(t_j);
        s := Sohn(s);        (* eliminiere Wurzel(s)            *)
      ELSE
        t := Sohn(s);        (* suche weiter unten im Baum      *)
        t := Korrektur(t); (* nach leeren Bereichsausdrücken  *)
      END;

    | Junktor:

        für alle t ∈ Sohn(s) t := Korrektur(t);

    | Vergleichsterm:        (* Ende der Rekursion              *)
  END;
  RETURN s;
END Korrektur;
```

In einer entsprechend korrigierten Version des Beispielbaums sind im Falle von $exp_2 =$ { } die Terme $term_2$ und $term_3$ durch FALSE ersetzt, was einer Anwendung der Regel L_3 gleichkommt.

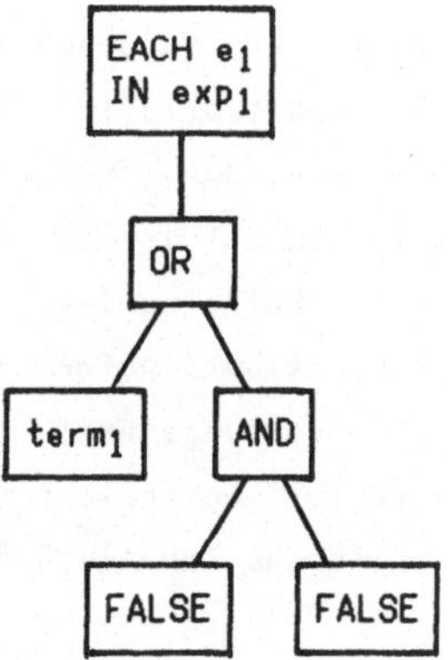

Jede im Rahmen der Prozedur 'Korrektur' durchgeführte Transformation ist äquivalenzerhaltend, also gilt s <==> Korrektur(s). Darüber hinaus gilt auch s <==> Korrektur(T_i(s)), unter der Voraussetzung, daß es sich bei T_i um eine Äquivalenztransformation handelt. Transformationen vom Typ T_7 sind jedoch nicht in jedem Fall äquivalenzerhaltend. Sie haben die Eigenschaft, daß sie im allgemeinen die Vorgängermengen von Termen verändern. So gilt etwa im (potentiell fehlerhaft) standardisierten Beispielbaum

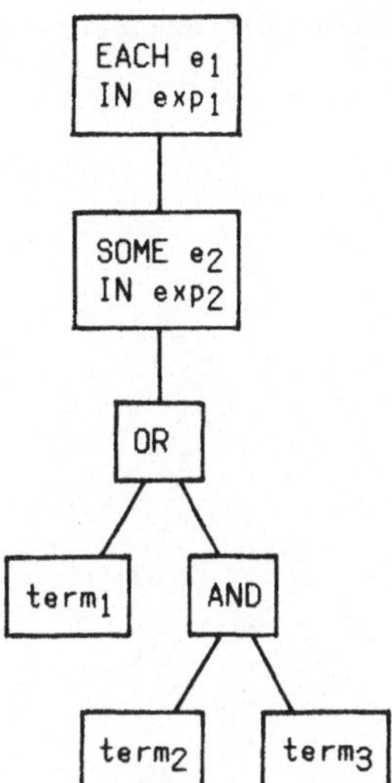

$VM(term_1) = \{e_1, e_2\}$, was bei einer nachgeschalteten Korrektur im Falle von $rel_2 = \{ \}$ zu einer unzulässigen Vereinfachung führt (leere Ergebnisrelation).

Der Schlüssel zur robusten Standardisierung liegt im "Erinnern" der Vorgängermengen des separierten und geschachtelten Ausdrucks, also eines Ausdrucks, der unabhängig vom aktuellen Datenbankzustand äquivalent zur ursprünglichen Anfrage ist. Zu diesem Zweck wird der Syntaxbaum vor der Standardisierung um sogenannte Vorgängerkanten $t \cdot \cdot vd(t)$ ergänzt. Eine Vorgängerkante stellt eine direkte Verbindung zwischen einem Term t und seinem direkten Vorgänger $vd(t)$ her.

Darüberhinaus werden Transformationen vom Typ T_7 in dem Sinne angepaßt, daß sie die Vorgängerkanten nicht verändern: für jedes Kantenpaar $\langle t_i \cdot \cdot v_i, t_j \cdot \cdot v_j \rangle$ mit $t_i \cdot \cdot v_i$ in s und $t_j \cdot \cdot v_j$ in $T_7(s)$ gilt '$t_i = t_j \Longrightarrow v_i = v_j$'. Im standardisierten Baum ist dann für jeden Term t die Vorgängermenge des separierten und geschachtelten Ausdrucks, $VM_{sg}(t)$, durch fortlaufende Traversierung dieser Kanten erreichbar.

Schließlich wird in der Prozedur 'Korrektur' die Vorgängermenge $VM(t)$ durch $VM_{sg}(t)$ ersetzt, wodurch sie genau denjenigen Teil eines Prädikats vereinfacht, der im separierten und geschachtelten Ausdruck im Geltungsbereich von Variablen mit leeren Wertebereichen liegt.

Angewandt auf das obige Beispiel führt die robuste Standardisierung zu einem Graph,

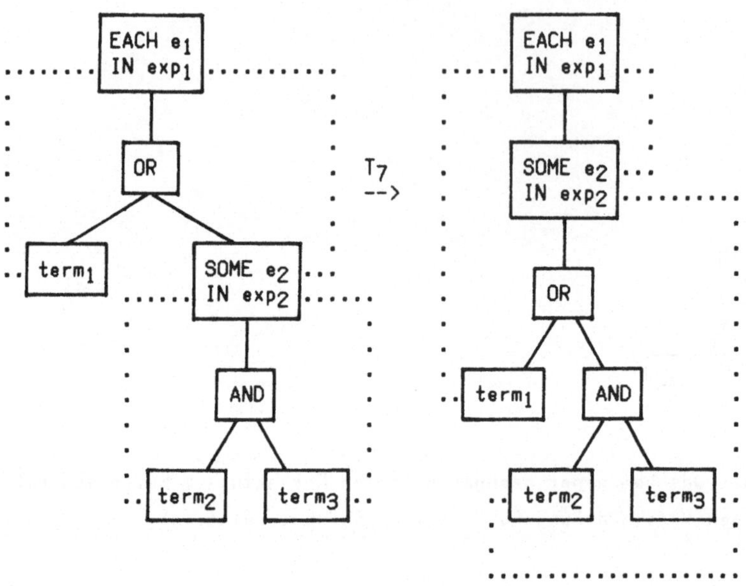

der im Falle leerer Wertebereiche äquivalenzerhaltend korrigiert werden kann (die Vorgängerkanten sind hier durch Punkte dargestellt). Falls die quantorenfreie Matrix noch nicht in disjunktiver Normalform ist, sind Transformationen vom Typ T_8 erforderlich (siehe Regel B_{3b} in Tabelle 3.1).

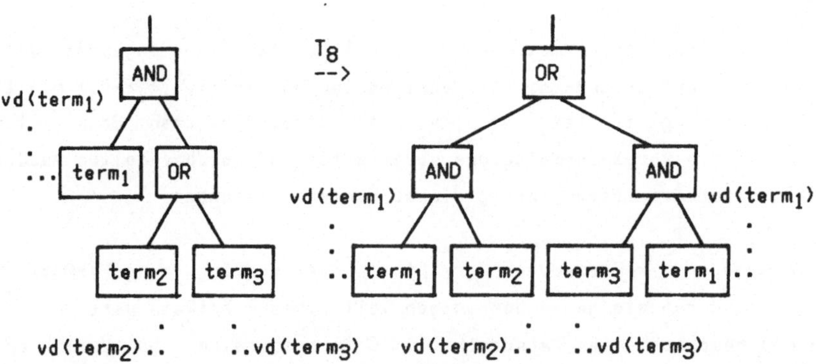

Dabei muß beachtet werden, daß die Kopie des Terms $term_1$ auch die Vorgängerkante des Originals erbt.

Die Prozedur 'Standardisierung' faßt die hier eingeführten Konzepte zusammen. Unabhängig von Datenbankzustand zur Zeit der Auswertung gilt s <==> Korrektur(Standardisierung(s)).

```
PROCEDURE Standardisierung (s: Syntaxbaum): Syntaxbaum;
BEGIN
   ergänze s um Vorgängerkanten;
   transformiere s in Pränex Normalform (* Transformation T7 *)
   transformiere die quantorenfreie Matrix
   von s in disjunktive Normalform;      (* Transformation T8 *)
   RETURN s;
END Standardisierung;
```

5.2.4 Der Gesamtalgorithmus

Mit Separierung, Schachtelung und robuster Standardisierung sind die wesentlichen Prozeduren des Zerlegungsverfahrens bereits beschrieben. Im Gesamtalgorithmus müssen jedoch noch zwei zusätzliche Punkte berücksichtigt werden:

1. In den vorangehenden Abschnitten wird jeweils implizit vorausgesetzt, daß die betrachteten Ausdrücke ausschließlich die Junktoren AND und OR enthalten. Im Syntaxbaum vorkommende NOT-Knoten müssen deshalb zu Beginn des Verfahrens eliminiert werden.

2. Die Prozedurskizzen für Separierung, Schachtelung und robuste Standardisierung beziehen sich jeweils auf die äußerste syntaktische Ebene eines Ausdrucks. Andererseits werden durch die Bildung von Bereichsausdrücken weitere syntaktische Ebenen eröffnet, auf welche das Verfahren zwecks einer vollständigen Zerlegung des Ausdrucks rekursiv angewandt werden muß.

Die Eliminierung des Junktors NOT erfordert zunächst ein zur Separierung von Variablengeltungsbereichen analoges "nach unten Schieben" von NOT-Knoten im Syntaxbaum. Dies wird mithilfe von Transformationen vom Typ T_9 entsprechend den Regeln Q_5, Q_6 und B_5 erreicht (siehe Tabellen 3.1 und 3.2).

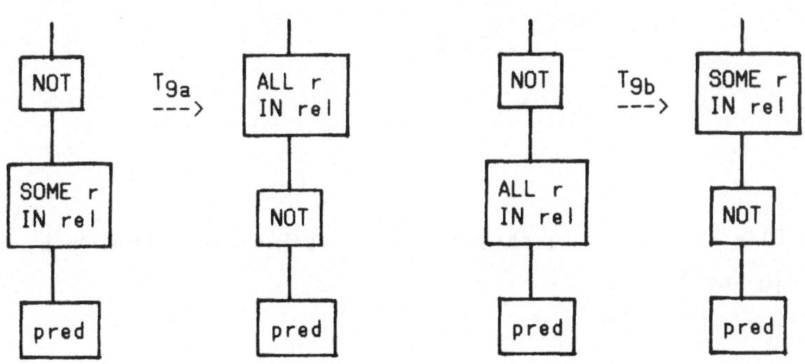

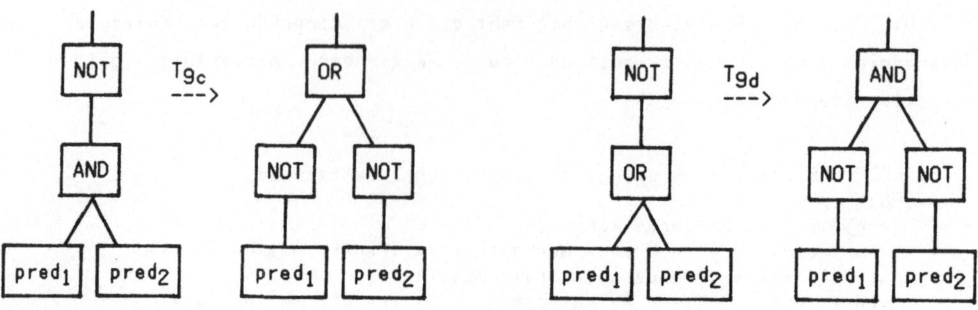

Die eigentliche Eliminierung des Junktors wird jedoch erst durch Zusammenfassung von
NOT-Knoten (T_{10}) und durch Inversion von Vergleichstermen (T_{11}) vollzogen, wobei die
Inversionsfunktion 'Inv' durch die folgende Tabelle definiert ist.

op	Inv(op)
$=$	$\neq$
$\neq$	$=$
$<$	$\geq$
$>$	$\leq$
$\leq$	$>$
$\geq$	$<$

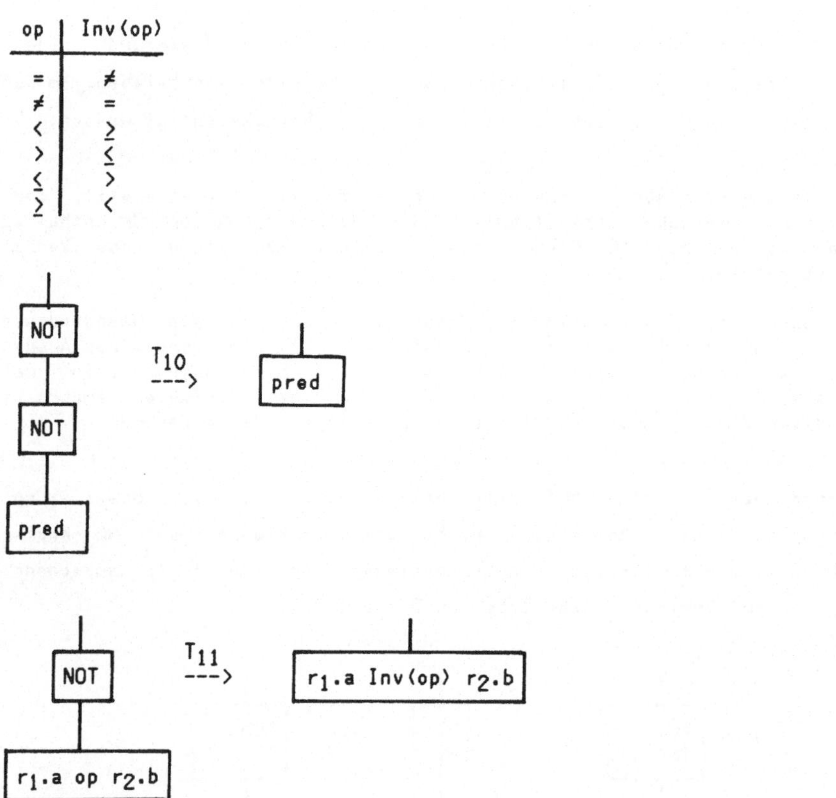

Die Prozedur 'NOT-Eliminierung' beschreibt die rekursive Anwendung der
Transformationen T_9, T_{10} und T_{11}.

```
PROCEDURE NOT-Elimierung (s: Syntaxbaum): Syntaxbaum;
VAR t: Syntaxbaum;
BEGIN
  CASE Knotentyp(Wurzel(s)) OF

    Bereichsterm:

      t := Sohn(s); t := NOT-Elimierung(t);

    | Junktor:

        IF Junktortyp(Wurzel(s)) = not THEN
          wende in Abhängigkeit von der Struktur von s
          eine der Transformationen T9, T10 oder T11 an;
          s := NOT-Elimierung(s); (* schiebe einen Junktor so    *)
                                  (* weit wie möglich nach unten *)
        ELSE für alle t ∈ Sohn(s)  t := NOT-Eliminierung(t);
        END;

    | Vergleichsterm:            (* Ende der Rekursion          *)

  END;
  RETURN s;
END NOT-Eliminierung;
```

Damit sind alle Voraussetzungen für die Formulierung des Gesamtalgorithmus gegeben.
Die Prozedur 'Zerlegung' faßt die einzelnen Komponenten des Verfahrens zusammen.

```
PROCEDURE Zerlegung (s: Syntaxbaum): Syntaxbaum;
(* Die Funktion 'gutartig' liefert den Wahrheitswert TRUE,
   wenn der betrachtete (Bereichs-) Ausdruck eine monadische
   oder einstufige Auswahlbedingung hat. *)
VAR t: Syntaxbaum;
BEGIN
  s := Schachtelung(Separierung(NOT-Eliminierung(s)));
  IF NOT(gutartig(s)) THEN s := Standardisierung(s) END;
  für alle Syntaxbäume t von "inneren" Schachteln
    t := Zerlegung(t);
  RETURN s;
END Zerlegung;
```

Die Wirkungsweise dieses Algorithmus sei schließlich anhand eines umfangreichen
Beispiels erläutert. Zu diesem Zweck werden diejenigen Assistenzprofessoren gesucht,
die mindestens ein Projekt leiten, 1984 noch keinen Aufsatz veröffentlicht haben und
für die es Veranstaltungen gibt, die entweder von ihnen selbst oder von einem Gast-
professor gehalten werden, der in derselben Stadt wohnt. Im relationalen Kalkül läßt
sich diese Anfrage wie folgt repräsentieren.

```
{ EACH pr1 IN professors:
  SOME pj IN projects
   (pr1.status = assistant AND pr1.pnr = pj.pnr
      AND
    NOT SOME pa IN papers (pa.year = 1984 AND pa.pnr = pr1.pnr)
      AND
    SOME l IN lectures
     (l.pnr = pr1.pnr
        OR
      SOME pr2 IN professors
       (pr2.status = guest AND pr1.city = pr2.city AND
        pr2.pnr = l.pnr))) }
```

Der damit assoziierte Syntaxbaum

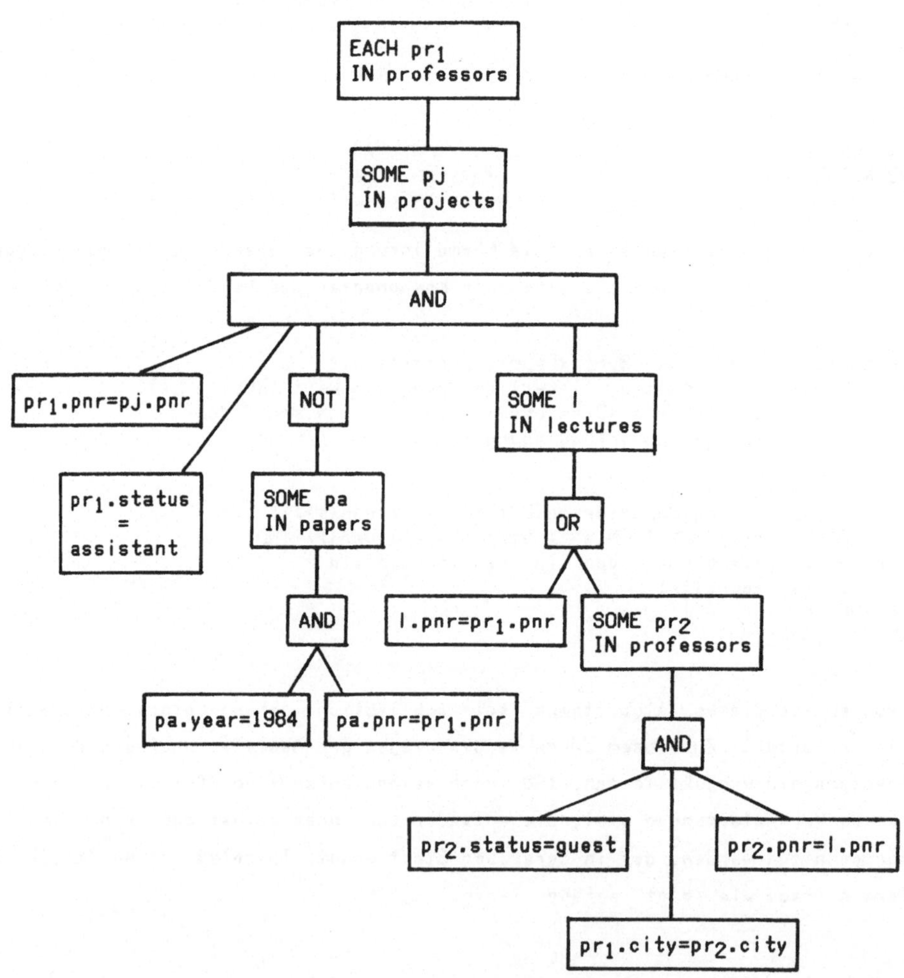

erreicht in der ersten Rekursionsstufe des Gesamtalgorithmus nach Eliminierung des Junktors NOT und nach weitgehender Separierung der Variablengeltungsbereiche das folgende Zwischenstadium.

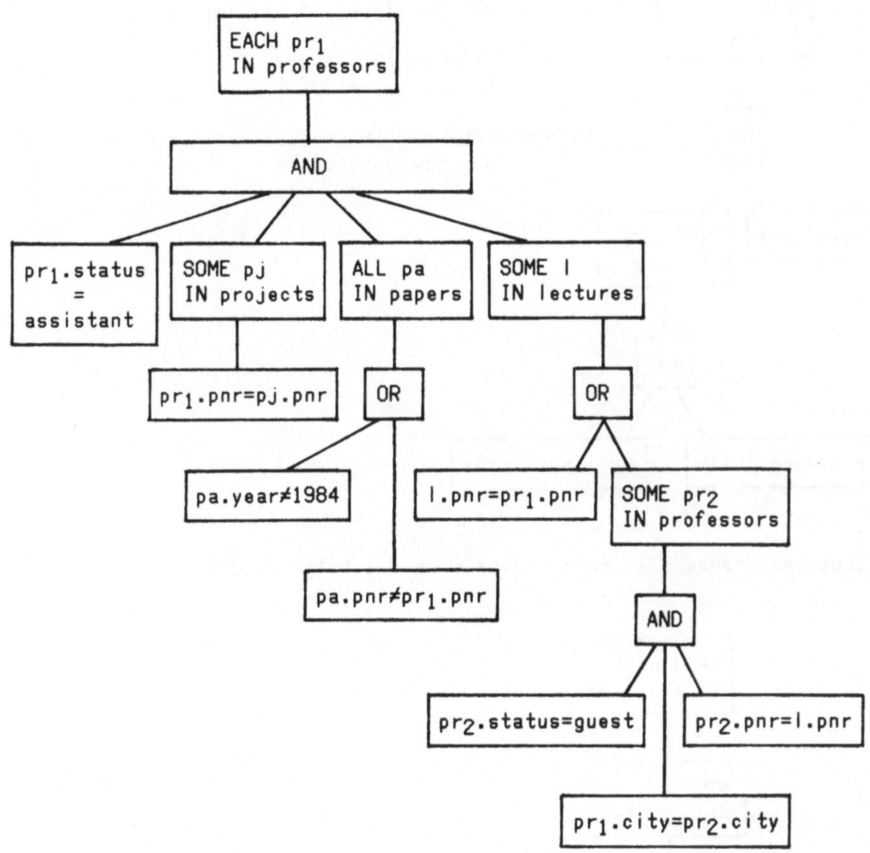

Die Geltungsbereiche der gebundenen Variablen pa, pj und l sind nun paarweise disjunkt, lediglich die Bereiche von l und pr$_2$ überlappen noch. Im Anschluß an die Separierung erzeugt die Prozedur 'Schachtelung' eine Reihe von Bereichsausdrücken, wodurch auf der äußersten syntaktischen Ebene eine bösartige Auswahlbedingung verbleibt (sie ist weder monadisch noch einstufig).

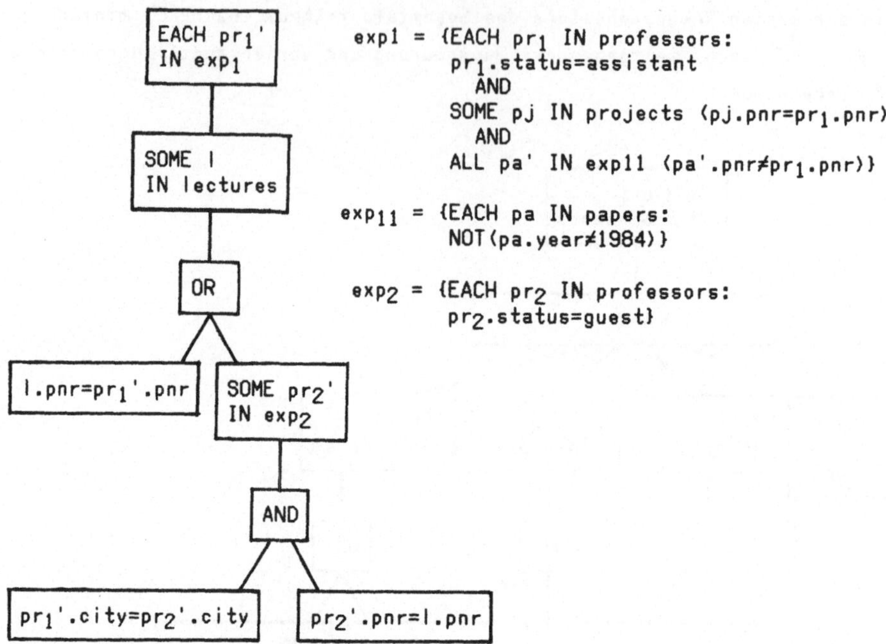

Nach der (robusten) Standardisierung ergibt sich das folgende Bild.

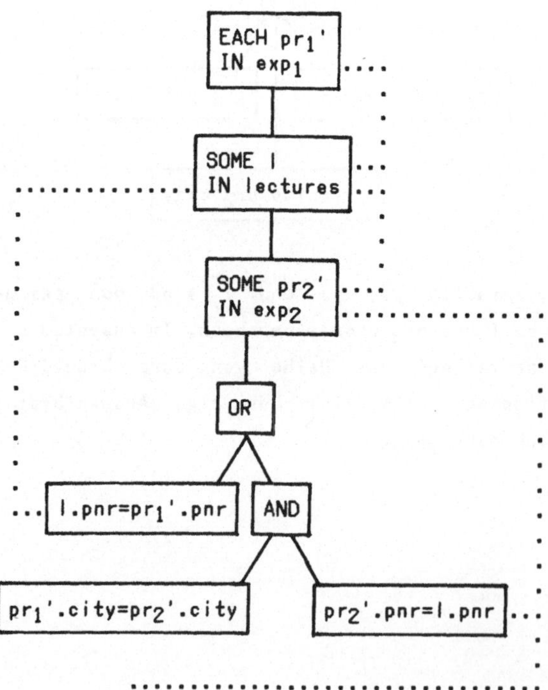

In der zweiten Rekursionsstufe des Gesamtalgorithmus wird der Syntaxbaum des
⟨inneren⟩ Bereichsausdrucks exp_1 transformiert. Die einzige hier durchgeführte
Änderung betrifft die Zerlegung seiner Auswahlbedingung in einen monadischen und in
einen einstufigen Bestandteil ⟨Bildung des Bereichsausdrucks exp_{12}⟩.

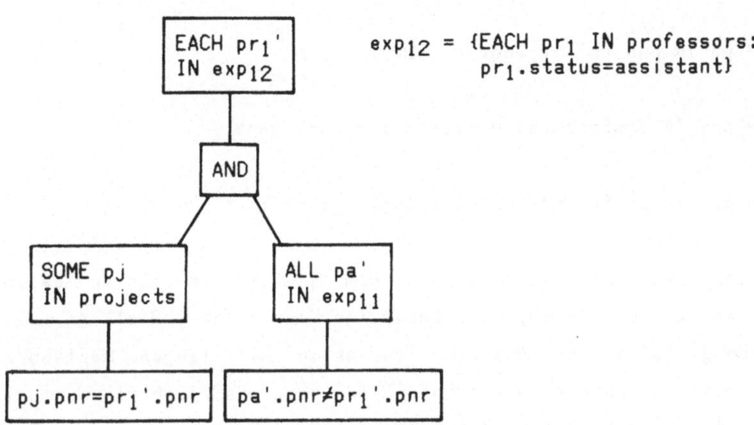

$exp_{12} = \{$EACH pr_1 IN professors:
$\quad pr_1.status=assistant\}$

Schließlich wird in der dritten Rekursionstufe der Junktor 'NOT' im Bereichsausdruck
exp_{11} eliminiert. Die Zerlegungsprozedur erzeugt damit den folgenden geschachtelten
Ausdruck.

```
{ EACH pr1" IN
   { EACH pr1' IN { EACH pr1 IN professors:
                    pr1.status = assistant }
     SOME pj IN projects (pj.pnr = pr1'.pnr)
       AND
     ALL pa' IN { EACH pa IN papers:
                  pa.year = 1984}
        (pa'.pnr ≠ pr1'.pnr) }:
   SOME l IN lectures
     SOME pr2' IN { EACH pr2 IN professors:
                    pr2.status = guest }
      (l.pnr = pr1".pnr
         OR
       pr2'.pnr=l.pnr AND pr1".city=pr2'.city) }
```

Damit hat der Gesamtalgorithmus den ursprünglich flachen relationalen Ausdruck in
eine bösartige Komponente

```
{ EACH pr1" IN exp1:
   SOME l IN lectures
     SOME pr2' IN exp2
      (l.pnr = pr1".pnr
         OR
       pr2'.pnr=l.pnr AND pr1".city=pr2'.city) }
```

und in mehrere gutartige Komponenten zerlegt,

$$exp_1 = \{ \text{ EACH } pr_1' \text{ IN } exp_{12}:$$
$$\text{SOME } pj \text{ IN projects } (pj.pnr = pr_1'.pnr)$$
$$\text{AND}$$
$$\text{ALL } pa' \text{ IN } exp_{11} \ (pa'.pnr \neq pr_1'.pnr) \ \}$$

$$exp_{11} = \{ \text{ EACH } pa \text{ IN papers: } pa.year = 1984 \ \}$$

$$exp_{12} = \{ \text{ EACH } pr_1 \text{ IN professors: } pr_1.status = assistant \ \}$$

$$exp_2 = \{ \text{ EACH } pr_2 \text{ IN professors: } pr_2.status = guest \ \}$$

die zur Laufzeit des Datenbankprogramms mit dem jeweils am besten geeigneten Verfahren ausgewertet werden können. Eine bösartige Komponente muß allerdings zuvor noch korrigiert werden, falls der Ausdruck Variablen mit leeren Wertebereichen enthält. Solche Korrekturen führen in manchen Fällen dazu, daß sich die syntaktische Struktur der Komponente grundsätzlich ändert. Unter der Voraussetzung, daß keine Gastprofessoren existieren, führt im obigen Beispiel die Anwendung der Prozedur 'Korrektur' (vgl. Abschnitt 5.2.3) gefolgt von entsprechenden Anfragevereinfachungen zu einer gutartigen Komponente auf der äußersten syntaktischen Ebene.

$$\{ \text{ EACH } pr_1'' \text{ IN } \{ \text{ EACH } pr_1' \text{ IN } \{ \text{ EACH } pr_1 \text{ IN professors:}$$
$$pr_1.status = assistant \ \}$$
$$\text{SOME } pj \text{ IN projects } (pj.pnr = pr_1'.pnr)$$
$$\text{AND}$$
$$\text{ALL } pa' \text{ IN } \{ \text{ EACH } pa \text{ IN papers:}$$
$$pa.year = 1984\}$$
$$(pa'.pnr \neq pr_1'.pnr) \ \}:$$
$$\text{SOME } l \text{ IN lectures } (l.pnr = pr_1''.pnr) \ \}$$

Es entsteht schließlich ein generalisierter Semijoinausdruck, der insgesamt mithilfe des in Kapitel vier eingeführten Spezialverfahrens (Semijoinreduktion) ausgewertet werden kann.

5.3 Diskussion

Eine spezielle Form der Anfragezerlegung wird auch im sogenannten Dekompositionsalgorithmus [Wong und Youssefi 76; Youssefi und Wong 79] praktiziert. Dieser Algorithmus verfolgt das Ziel, Ausdrücke der Anfragesprache QUEL [Allman et al. 76] in eine Sequenz von ein-Variablen-Anfragen zu überführen. QUEL-Ausdrücke basieren auf einem eingeschränkten Kalkül – sie enthalten keine universell quantifizierten Variablen. Insofern liegt im Vergleich zur Optimierung beliebiger Kalkülausdrücke ein vereinfachtes Zerlegungsproblem vor.

Der Dekompositionsalgorithmus unterscheidet zwei Phasen. In der sogenannten Instantiierungsphase wird ein Ausdruck mit n Variablen und zwei konjunktiv verknüpften Teilbedingungen,

$$\{ \text{EACH } r_i \text{ IN } rel_i : pred_1(r_1,..,r_m) \text{ AND } pred_2(r_m,..,r_n) \}$$

die in genau einer (Verbindungs-) Variablen r_m überlappen, in die Komponenten

$$exp_1 = \{ \text{EACH } r_i \text{ IN } rel_i : pred_1(r_1,..,r_m') \}$$

und

$$exp_2 = \{ \text{EACH } r_m \text{ IN } rel_m : pred_2(r_m,..,r_n) \}$$

zerlegt, wobei die Variable r_m' im Ausdruck exp_1 den Wertebereich exp_2 erhält. Abhängig davon, ob die Verbindungsvariable r_m frei $(r_m = r_i)$ oder existentiell quantifiziert ist, entspricht diese Zerlegung einer Anwendung der Schachtelungsregel S_1 oder S_2 (vgl. Abschnitt 4.1.2). Es folgt die rekursive Zerlegung von Komponenten mit mehr als einer Variablen, bis der Ausdruck auf diese Weise nicht mehr weiter zerlegbar ist. Die daraus resultierenden Komponenten werden irreduzibel genannt. Beispiel 5.3 zeigt die irreduziblen Komponenten der Anfrage aus Beispiel 5.1. Sie entstehen als Folge einer konsequenten Aufteilung des Ausdrucks an den Verbindungsvariablen $prof_1$ und $prof_2$.

In der zweiten Phase des Dekompositionsalgorithmus werden irreduzible Komponenten mit k (>1) Variablen in FOR EACH Schleifen der Form

```
result := { };
FOR EACH r_k IN rel_k DO
  result :+ { EACH r_i IN rel_i : pred(r_1,..,r_k)}
END;
```

und damit in eine Sequenz von $(k-1)$-Variablen-Anfragen übersetzt. Die $(k-1)$-fache Anwendung dieses Übersetzungsschritts, auch Tupelsubstitution genannt, führt schließlich zu einer geschachtelten FOR EACH Schleife, die nur noch Anfragen mit je einer Variablen enthält.

<u>**Beispiel 5.3:**</u> Dekomposition des Ausdrucks aus Beispiel 5.1
in irreduzible Komponenten.

Geschachtelter Ausdruck:

{ EACH $prof_1'$ IN { EACH $prof_1$ IN professors:
SOME pap IN papers ($prof_1$.pnr = pap.pnr)
  SOME $prof_2'$ IN { EACH $prof_2$ IN professors:
SOME lect IN lectures
SOME dept IN departments
($prof_2$.pnr=lect.pnr AND lect.dnr=dept.dnr
AND $prof_2$.city=dept.city)) }
    ($prof_1'$.pnr$\neq prof_2'$.pnr) }

Korrespondierende Quant Graph Komponenten:

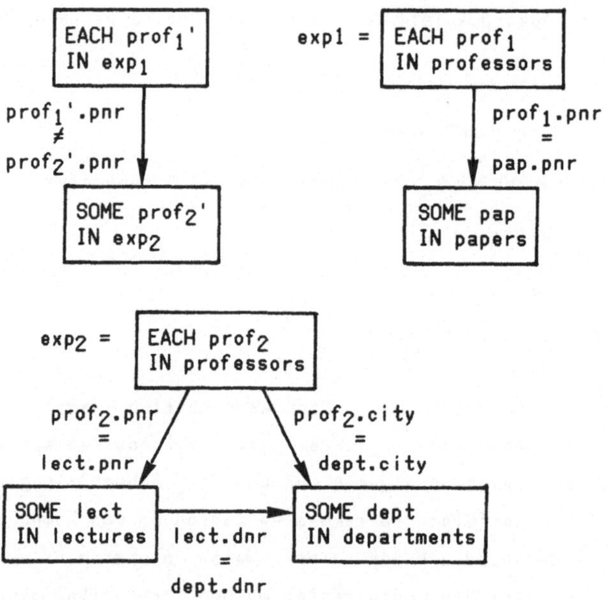

Ein Vergleich mit der strukturorientierten Anfragezerlegung ergibt, daß der Dekompositionsalgorithmus schon in der Instantiierungsphase eine feinere (und damit ungünstigere) Granularität der Zerlegung erreicht. Während in Beispiel 5.2 lediglich der zyklische Ausdruck isoliert wird, bewirkt der Dekompositionsalgorithmus eine zusätzliche Zerlegung des Teilausdrucks mit einstufiger Auswahlbedingung. Damit entfällt die Möglichkeit zur gemeinsamen Auswertung von dyadischen Termen in gutartigen Komponenten (vgl. Abschnitt 4.2.2).

Darüberhinaus wird jede irreduzible Anfragekomponente mit mehr als einer Variablen unabhängig von ihrer syntaktischen Struktur mithilfe geschachtelter FOR EACH Schleifen ausgewertet. Dies führt im Falle von

exp = { EACH $prof_1'$ IN exp_1: SOME $prof_2'$ IN exp_2 ($prof_1'$.pnr $\neq prof_2'$.pnr) } zu $CARD(exp_1) + CARD(exp_1)*CARD(exp_2)$ Elementzugriffen. Im Gegensatz dazu wird bei der Semijoinreduktion lediglich die Kardinalität einer aus exp_2 extrahierten Wertemenge (valueset) geprüft. Falls diese Wertemenge mehr als ein Element enthält gilt $exp = exp_1$, ansonsten exp = {EACH prof' in exp_1: prof'.pnr $\neq$ valueset} (vgl. Tabelle 4.1). Eine Prüfung auf 'CARD(valueset) > 1' ist im allgemeinen "kostenlos", da die Information über die Kardinalität von Zwischenergebnissen gewöhnlich in Kontrollblöcken (im Hauptspeicher) verzeichnet ist. Schließlich wird der gesamte Dekompositionsalgorithmus zur Laufzeit eines QUEL-Programms durchgeführt. Der Aufwand für die Anfragezerlegung im Dekompositionsalgorithmus mindert daher den aus der Optimierung resultierenden Nutzen.

Aber auch der Zerlegungsalgorithmus aus Abschnitt 5.2 weist noch einige Mängel auf. So enthält die Separierungsphase bislang nur einen Transformationstyp (T_1), der eine Optimierung von Ausdrücken mit zyklischer Anfragestruktur (durch Spalten von ALL-Absorbern) bewirkt. Mit der Eliminierung redundanter Terme und der Spaltung spezieller SOME-Absorber (siehe Abschnitt 4.3.2) sind jedoch noch weitere Techniken bekannt, die zur Transformation von flachen relationalen Kalkülausdrücken in äquivalente generalisierte Semijoinausdrücke nützlich sind, und deren Integration in die Separierungsphase deshalb sinnvoll erscheint:

Eine zusätzliche Verbesserung des Algorithmus läßt sich dadurch erreichen, daß in der Schachtelungsphase (oder auch schon in der Separierungsphase) Vertauschungen von Bereichstermen (mit identischen Quantoren) berücksichtigt werden. In der aktuellen Version läßt die Zerlegungsprozedur den folgenden Syntaxbaum

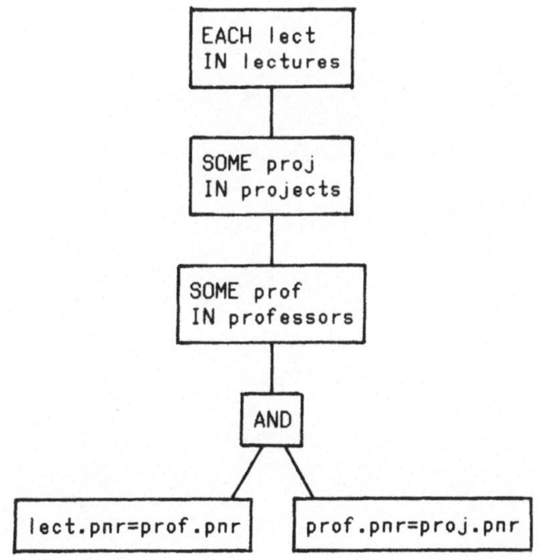

in der Schachtelungsphase völlig unverändert und ordnet ihn letztlich der Klasse der
bösartigen Ausdrücke zu. Auf der anderen Seite ist nach Vertauschung der
Bereichsterme 'SOME proj IN projects' und 'SOME prof IN professors' eine
Transformation vom Typ T_{4b} anwendbar, die den Ausdruck in einen äquivalenten GSA
überführt (vgl. Beispiel 4.3).

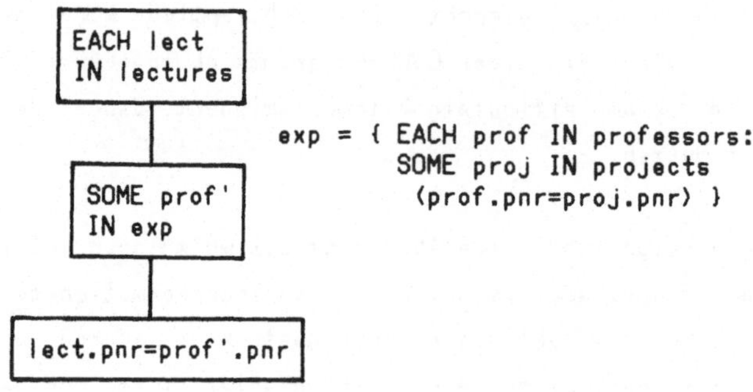

Während in der Separierungs- und in der Schachtelungsphase somit noch nicht alle
nützlichen Transformationen berücksichtigt werden, sieht die Standardisierungs-
prozedur auch für solche Ausdrücke die Möglichkeit zur Laufzeitkorrektur vor, die zur
Zeit der Übersetzung von Datenbankprogrammen bereits korrekt standardisiert sind
(z.B. konjunktive, existentiell quantifizierte Ausdrücke). An dieser Stelle des
Algorithmus können also noch überflüssige Transformationsschritte eingespart werden.

6. Anfrageoptimierung im DBPL-System

Die in den Kapiteln vier und fünf eingeführten Konzepte zur Anfrageoptimierung sind im Rahmen einer experimentellen Prototypimplementation auch realisiert worden. Sie besteht aus je einem kompilativen und einem interpretativen Sprachprozessor sowie aus einem Laufzeitsystem, das unter anderem für die Auswertung von Anfragen und für die Kontrolle parallel arbeitender Transaktionen zuständig ist.

Das vorliegende Kapitel geht zunächst auf die Ziele ein, die mit der Prototypimplementation verfolgt worden sind. Nach Darstellung und Begründung der gewählten Systemarchitektur konzentrieren sich die folgenden Abschnitte auf den internen Aufbau des Anfragesubsystems.

6.1 Das DBPL-System

Das DBPL-System umfaßt die entsprechenden Sprachprozessoren und Laufzeitkomponenten einer Prototypimplementation der Sprache DBPL. Es ist auf einem Rechner vom Typ VAX-11/780 in der Systemprogrammiersprache Modula-2 implementiert.

6.1.1 Zielsetzung

Die Datenbankprogrammiersprache DBPL bietet ihrem Benutzer einen hohen Komfort bei der Formulierung von Anfragen und bei der Definition konsistenzerhaltender Sequenzen von Datenbankoperationen, sprich Transaktionen. Die endgültige Akzeptanz der Sprache durch den Benutzer setzt allerdings voraus, daß DBPL-Programme ein günstiges Zeitverhalten bei der Ausführung aufweisen. Implementationen der Sprache müssen demnach effiziente Exekutionsmodelle für die einzelnen Sprachkonstrukte realisieren.

Häufig sind mehrere Exekutionsmodelle für die Realisierung eines Sprachkonstrukts bekannt. Im Bereich der Zugriffskontrolle parallel arbeitender Transaktionen beispielsweise konkurrieren pessimistische [Gray 78] und optimistische [Kung und Robinson 81] Methoden. Auch im Bereich der Anfrageauswertung stehen, wie in den vorangehenden Kapiteln bereits gezeigt, zahlreiche Verfahren zur Auswahl, die durch Integration zusätzlicher Optimierungstechniken noch weiter variiert werden können. Die einzelnen Komponenten einer Sprachimplementation sollten deshalb modular strukturiert sein, so daß Realisierungen alternativer Exekutionsmodelle gegenseitig austauschbar und nachträgliche Verbesserungen einfach durchführbar sind.

Eine weitere Voraussetzung für die Akzeptanz einer Datenbankprogrammiersprache ist ihre Verfügbarkeit auf einem verbreiteten Rechnertyp. Nachdem nur noch wenige Großrechner vom Typ DEC-10 existieren (Implementationsumgebung der Sprache Pascal/R) und gleichzeitig leistungsfähige Rechner der Mittelklasse ihren Platz einnehmen, ist die Rechnerfamilie VAX-11 [DEC 81] als Implementationsumgebung für die Sprache DBPL ausgewählt worden.

6.1.2 Architektur

Das DBPL-System kommt der Forderung nach leichter Austauschbarkeit von Exekutionsmodellen nach, indem es größere Funktionseinheiten in hierarchisch angeordneten Schichten isoliert. Die Systemarchitektur unterscheidet vier Schichten, welche gemeinsam die Verbindung zwischen einer Datenbankanwendung und der zugrunde-liegenden Hardware herstellen (siehe Abbildung 6.1). In der Terminologie der Implementationssprache Modula-2 ist jede Schicht als getrennt übersetzbares Modul realisiert. Die einzelnen Funktionseinheiten des DBPL-Systems können deshalb nach Festlegung der Definitionsteile weitgehend unabhängig voneinander entwickelt werden.

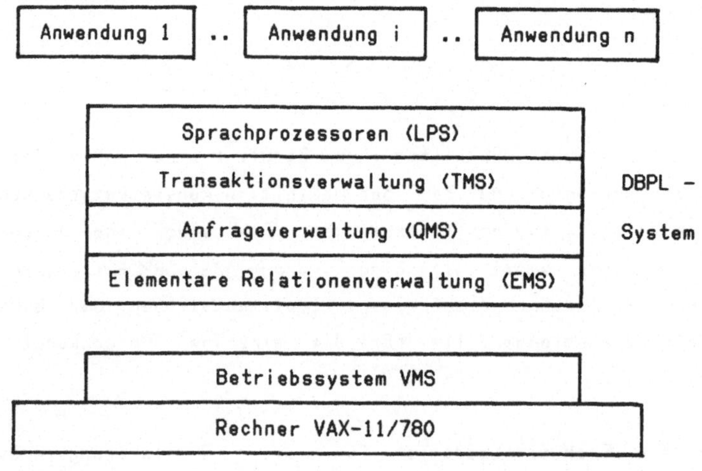

Abbildung 6.1: Schichtenmodell des DBPL-Systems.

Die Benutzerschnittstelle zum DBPL-System besteht zur Zeit aus zwei **Sprachprozessoren** (**L**anguage **P**rocessing **S**ystem) mit unterschiedlichen Interaktionsmodi. Es handelt sich um einen DBPL-Compiler, der den gesamten Sprachumfang akzeptiert, und um ein Dialogsystem, welches die interaktive Benutzung ausgewählter Sprachkonstrukte gestattet. Der DBPL-Compiler erzeugt Code, der Aufrufe von Prozeduren der darunter-liegenden Schicht (TMS) enthält, während das Dialogsystem diese Prozeduren direkt aufruft. Der interne Aufbau des DBPL-Compilers wird in Abschnitt 6.2.2 erläutert.

Die Aufgabe der **Transaktionsverwaltung** (**T**ransaction **M**anagement **S**ystem) besteht in der konsistenten Abwicklung konkurrierender Transaktionen. Das TMS realisiert mit der sogenannten prädikativen Validierung [Brägger 82; Reimer 83] eine spezielle optimistische Methode zur Parallelitätskontrolle. Optimistische Methoden zeichnen sich dadurch aus, daß sie im Gegensatz zu pessimistischen Methoden nicht zu Beginn der Transaktion einen möglichen Konflikt ausschließen, sondern am Ende der Transaktion durch Validierung der vorliegenden Situation feststellen, ob ein Konflikt aufgetreten ist oder nicht. Im Konfliktfall wird eine Transaktion zurückgesetzt und wieder neu gestartet. Die Besonderheit der prädikativen Validierung besteht in der Rückführung der Konfliktprüfung auf das Problem der Anfrageauswertung. Die Zugriffsintention der zu validierenden Transaktion, wie sie aus den von ihr importierten selektierten Relationenvariablen hervorgeht, bildet die Auswahlbedingung einer Anfrage, welche gegenüber den realisierten Änderungen konkurrierender Transaktionen evaluiert wird. Falls diese Anfrage ein nichtleeres Resultat ergibt, liegt ein Konflikt vor; im anderen Fall führt die zu validierende Transaktion zu einem konsistenten Datenbankzustand. Konfliktprüfung via Anfrageauswertung motiviert die Ansiedlung der Anfrageverwaltung im Schichtenmodell unterhalb der Transaktionsverwaltung.

Die **Anfrageverwaltung** (**Q**uery **M**anagement **S**ystem) bildet zum einen die Laufzeitkomponente des Anfragesubsystems und kümmert sich zum anderen um die Verwaltung des Datenwörterbuchs, in welchem Details des externen und des internen Datenbankschemas (funktionale Abhängigkeiten, Zugriffspfade, etc.) verzeichnet sind. Die interne Struktur dieser Komponente sowie das Zusammenspiel mit der Übersetzerkomponente des Anfragesubsystems sind in Abschnitt 6.2 beschrieben.

Die **elementare Relationenverwaltung** (**E**lement **M**anagement **S**ystem) umfaßt Operationen zur Manipulation und zur Selektion von Relationenelementen sowie zum Anlegen, Eröffnen, Abschließen und Löschen von Relationen. Darüberhinaus werden die einzelnen Aktivitäten laufender Transaktionen in einem Logbuch protokolliert und im Ausnahmefall Fehlerbehandlungsmaßnahmen angestoßen. Das EMS ist im Grunde eine Abstraktion der Betriebssystemkomponente RMS (**R**ecord **M**anagement **S**ystem). Alle Relationen der Datenbank sowie Datenwörterbuch und Logbuch werden in RMS-Dateien gespeichert. RMS-Dateien wiederum basieren auf einer baumartig indizierten Speicherstruktur (B*-Baum).

Das Betriebssystem VMS stellt unter anderem Operationen zur Prozeßsynchronisation über globale Datenbereiche (GBD) zur Verfügung. Datenbankzugriffe von Anwendungsprozessen (AP_i), an die jeweils die Moduln TMS, QMS und EMS angebunden sind, lassen sich dadurch effizient realisieren. Abbildung 6.2 illustriert das Prozeßmodell des DBPL-Systems.

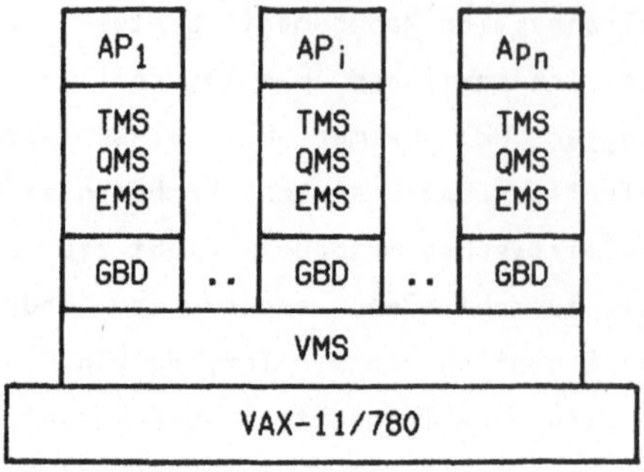

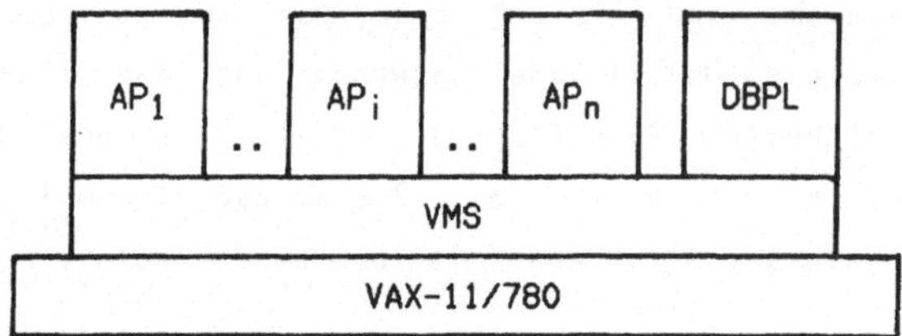

Abbildung 6.2: Prozeßmodell des DBPL-Systems.

Eine Alternative zu obigem Modell besteht in der Realisierung der Laufzeitkomponente als eigenständiger Prozeß mit exklusivem Zugriffsrecht bezüglich der Datenbank (siehe Abbildung 6.3). Die Nachteile dieses Prozeßmodells sind jedoch in mehreren Untersuchungen bereits zum Vorschein gekommen [Härder 79; Stonebraker 81]. Zum einen besteht die Gefahr, daß ein zentraler DBPL-Prozeß bei hoher Systemlast zum Engpaß wird, und zum anderen hat sich gezeigt, daß die mit jedem Datenbankzugriff verbundenen Prozeßwechsel (Anwendungsprozeß -> DBPL-Prozeß, DBPL-Prozeß -> Anwendungsprozeß) in gängigen Betriebssystemen äußerst kostspielig sind.

Abbildung 6.3: Ein alternatives Prozeßmodell.

6.2 Das Anfragesubsystem

Das Anfragesubsystem der Prototypimplementation besteht aus zwei Komponenten. Die Übersetzerkomponente realisiert optimierende Anfragetransformationen im Sinne der strukturorientierten Anfragezerlegung. Sie ist in der Codeerzeugungsphase des DBPL-Compilers angesiedelt. Die Laufzeitkomponente (Funktionseinheit QMS) implementiert die Auswertungsverfahren, welche im Kontext der strukturspezifischen Anfrageauswertung benutzt werden. Darüberhinaus enthält sie die transformationsorientierten Prozeduren zur Standardisierung, zur Anfragevereinfachung und Anfragezerlegung, die von der interaktiven Schnittstelle des Prototyps direkt aufgerufen werden. Zur Vermeidung redundanten Codes exportiert das QMS die entsprechenden Routinen zur strukturorientierten Anfragezerlegung auch an den Compiler. Beide Komponenten des Anfragesubsystems arbeiten auf einer flexiblen Datenstruktur zur internen Anfragerepräsentation, die im nachfolgenden Abschnitt erläutert wird.

6.2.1 Interne Anfragerepräsentation

Optimierungsstrategien, die vorwiegend auf Anfragetransformation beruhen, erfordern eine möglichst flexible Datenstruktur für die interne Repräsentation von Anfragen. Die Interndarstellung der (um Vorgängerkanten) erweiterten Syntaxbäume aus Kapitel fünf basieren deshalb auf einem Netz von Variantenrekords der Implementationssprache Modula-2. Die entsprechende Typdefinition im DBPL-System lautet:

```
Query = POINTER TO Node;

Node  = RECORD
           son:     Query;
           brother: Query;
           scope:   Query;
           CASE nodetype: NodeType OF
            ...
           END;
        END;
```

Jeder Rekord vom Typ 'Node' repräsentiert einen Knoten des Syntaxgraphs. Der feste Bestandteil des Rekords modelliert die Verbindungen zu anderen Knoten. Eine konjunktive Verknüpfung von drei Vergleichstermen wird damit wie folgt dargestellt:

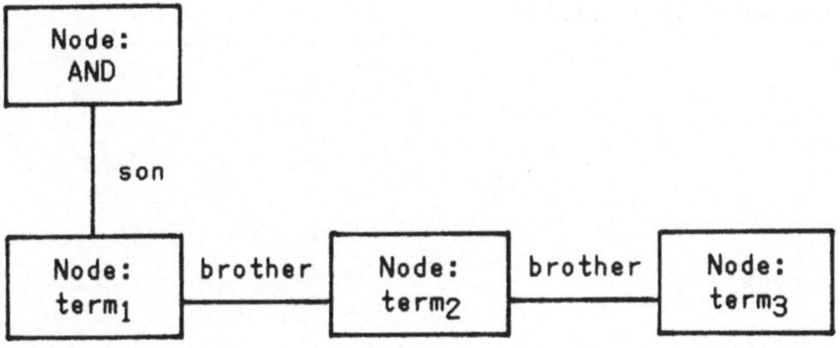

Vorgängerkanten (vgl. Abschnitt 5.2.3) werden durch die Rekordkomponente 'scope' modelliert.

Im variablen Bestandteil des Rekords sind knotenspezifische Informationen gespeichert. Folgende Datentypen werden in diesem Zusammenhang benutzt:

```
QueryType      = (selection, fullrelation, emptyrelation);
StructureType  = (simple, good, bad);
JoinTermType   = (monadic, dyadic, boolean);
Quantifier     = (some, all, each);
Connective     = (and, or, not);
Comparison     = (eql, neq, lss, leq, grt, gre);
Relation       = EMS.Relation;
Attribute      = EMS.Attribute;
Identifier     = EMS.Identifier;
```

'QueryType' unterscheidet gewöhnliche Kalkülausdrücke ('selection') von trivialen Anforderungen, die keine Anfrageauswertung im eigentlichen Sinn erfordern: Zugriffe auf eine uneingeschränkte Relation ('fullrelation') und auf die leere Relation ('emptyrelation'). Triviale Anforderungen sind häufig das Ergebnis von Anfragevereinfachungen. Die syntaktische Struktur von Anfragen oder Anfrageteilen wird durch 'StructureType' modelliert. Gutartige Komponenten erhalten das Attribut 'simple' (im Falle monadischer Prädikate) oder 'good' (im Falle einstufiger Prädikate), bösartige das Attribut 'bad'. Die Aufzählungstypen 'Quantifier', 'Connective', 'Comparison' und 'JoinTermType' repräsentieren die verschiedenen Arten von Quantoren, Junktoren, Vergleichsoperatoren und Vergleichstermen. Die entsprechenden Typen für Relationen, Attribute und Bezeichner werden vom Modul EMS importiert. Der Datentyp 'Node' verfügt über fünf Rekordvarianten, die wiederum in 'NodeType' festgelegt sind.

```
NodeType = (root, projection, connection, rangeterm, jointerm);
```

Die spezifische Information der einzelnen Knotentypen ist wie folgt strukturiert. Jede intern repräsentierte Anfrage erhält einen Wurzelknoten, der darüber Auskunft gibt, um welchen Anforderungstyp es sich handelt.

```
root:
  querytype:      QueryType;
  relvar:         Relation;
  projections:    Query;
  freevariables:  Query;
  structuretype:  StructureType;
```

Die Komponente 'relvar' bezeichnet im Falle von 'querytype = fullrelation' die Ergebnisrelation. Im Falle eines gewöhnlichen Kalkülausdrucks modellieren 'projections' und 'freevariables' die Zielliste des Ausdrucks. Die Komponente 'structuretype' zeigt an, ob die Anfrage eine gutartige oder bösartige Struktur hat.

Eine Projektionsliste der Form $\langle r_1.a_1,..,r_n.a_n \rangle$ wird durch eine Menge von Projektionsknoten repräsentiert, die über die Komponente 'brother' miteinander verkettet sind.

```
projection:
  projelemvar:   Identifier;
  projattr:      Attribute;
```

Die Komponenten 'projelemvar' und 'projattr' enthalten die jeweiligen Elementvariablen r_i und Attribute a_i. Der variable Bestandteil von Verbindungsknoten beschreibt lediglich den vorliegenden Junktor ('connective'). Die durch den Junktor verknüpften Terme oder Teilprädikate sind über die Rekordkomponente 'son' erreichbar.

```
connection:
  connective:    Connective;
```

Bereichstermknoten beschreiben eine Elementvariable ('elemvar'), deren Wertebereich ('range') und den dazugehörigen Quantor ('quantifier').

```
rangeterm:
  quantifier:    Quantifier;
  elemvar:       Identifier;
  range:         Query;
```

Durch die Modellierung des Wertebereichs über einen Zeiger vom Typ 'Query' gelingt es, sowohl flache relationale Ausdrücke (Anfragetyp des Wurzelknotens ist 'relation') als auch geschachtelte Ausdrücke (Anfragetyp des Wurzelknotens ist 'selection') zu repräsentieren. Vergleichstermknoten schließlich differenzieren monadische, dyadische und boolesche Vergleichsterme.

```
jointerm:
  leftelemvar:   Identifier;
  leftattr:      Attribute;
  comparison:    Comparison;
  CASE jointermtype: JoinTermType OF
    monadic:  constvalue:   ADDRESS;
  : dyadic:   rightelemvar: Identifier;
              rightattr:    Attribute;
  : boolean:  boolvalue:    BOOLEAN;
  END;
```

Die Speicherung von Konstantenadressen ('constvalue') bei monadischen Termen macht diese Anfragerepräsentation unabhängig vom Typ der zu vergleichenden Konstanten.

6.2.2 Übersetzung relationaler Kalkülausdrücke

Analog zum Übersetzer der Datenbankprogrammiersprache Pascal/R, der aus einem Pascal-Compiler hervorging [Meyer 78; Koch 79], basiert der kompilative DBPL-Sprachprozessor [Edelmann 84] auf der Erweiterung eines Modula-2-Compilers. Der erste Modula-2-Compiler wurde an der ETH Zürich auf einem Rechner vom Typ PDP-11 erstellt [Wirth 80]. Es handelt sich dabei um einen Mehrphasencompiler, der unter dem Betriebssystem RT-11 arbeitet. Eine Implementation der Sprache DBPL auf einem Rechner vom Typ VAX-11 machte deshalb zunächst eine Übertragung des Compilers in die VAX/VMS Umgebung erforderlich. In [Koch et al. 82] wird die Übertragung als mehrstufiger (Bootstrapping-) Prozeß geschildert, der vor allem davon profitiert, daß der Modula-2-Compiler selbst in Modula-2 implementiert ist.

Im resultierenden Modula-2-Compiler auf der VAX-11 unter dem Betriebssystem VMS ist der Übersetzungsvorgang in vier Phasen eingeteilt:

Phase 1: Lexikalische und syntaktische Analyse.
Phase 2: Deklarationsanalyse.
Phase 3: Anweisungsanalyse.
Phase 4: Codeerzeugung.

Bezüglich der Integration relationaler Kalkülausdrücke sind in den analytischen Phasen (eins bis drei) nur relativ geringfügige Änderungen erforderlich. Da relationale Ausdrücke in der DBPL-Grammatik als generalisierte Modula-2-Ausdrücke definiert sind, laufen die durchzuführenden Änderungen auf die Erweiterung bereits existierender Prozeduren des Compilers hinaus. Nur die Behandlung von Elementvariablen bildet eine gewisse Ausnahme. In der Sprache DBPL sind Elementvariablen implizit durch die relationalen Kalkülausdrücke, in denen sie vorkommen, deklariert. Ihr Typ leitet sich aus der entsprechenden Bereichsbindung ab. Da Elementvariablen sowohl an Relationen als auch an relationale Ausdrücke gebunden sein können, ist ihre Analyse im Gegensatz zu allen anderen Variablen erst in Phase drei möglich, nachdem der Typ von relationalen Ausdrücken bestimmt ist.

Aus der Sicht der Übersetzung von relationalen Kalkülausdrücken besteht die hauptsächliche Aufgabe der vierten Phase in der Generierung von Proceduraufrufen des Laufzeitsystems. Im einzelnen sind dies die Prozeduren Assign, Insert, Delete und Update zur prädikativen Selektion und Manipulation von (Teil-) Relationen sowie die Prozedur BooleanValue zur Evaluierung wahrheitswertiger quantifizierter Ausdrücke.

```
PROCEDURE Assign (target: Relation; source: Query);
PROCEDURE Insert (target: Relation; source: Query);
PROCEDURE Delete (target: Relation; source: Query);
PROCEDURE Update (target: Relation; source: Query);
PROCEDURE BooleanValue (source: Query): BOOLEAN;
```

Diese Prozeduren werden aus Gründen der einheitlichen Schnittstellengestaltung von der obersten Schicht des Laufzeitsystems (Funktionseinheit TMS) exportiert, sind jedoch in der darunterliegenden Schicht, im QMS, implementiert. Das TMS spielt also in diesem Kontext die Rolle einer Struktureinheit, die Anforderungen bezüglich der Auswertung von Anfragen lediglich weiterreicht.

Die obigen Prozeduren enthalten jeweils die interne Anfragerepräsentation als Parameter. In der vierten Phase wird ein relationaler Kalkülausdruck zunächst gemäß der Strategie der strukturorientierten Anfragezerlegung in eine äquivalente geschachtelte Form transformiert. Es folgt die Generierung von Prozeduraufrufen, die zur Laufzeit des Programms aus dem geschachtelten Ausdruck einen Syntaxbaum aufbauen, der letztlich als Parameter in eine Prozedur des Auswertungssystems eingeht.

6.2.3 Struktur der Laufzeitkomponente

Die Laufzeitkomponente des Anfragesubsystems – die Funktionseinheit QMS – realisiert die in Kapitel fünf beschriebene Strategie der strukturspezifischen Anfrageauswertung. Sie besteht neben dem Schnittstellenmodul QMS noch aus sieben weiteren Übersetzungseinheiten: TransformationSystem, EvaluationSystem, Dictionary-System, GoodCapsules, BadCapsules, TemporaryRelations und Utilities. Abbildung 6.4 skizziert die interne Zugriffsstruktur (eine Verbindung $M_i \text{-->} M_j$ bedeutet, daß das Modul M_i Prozeduren aus dem Modul M_j importiert).

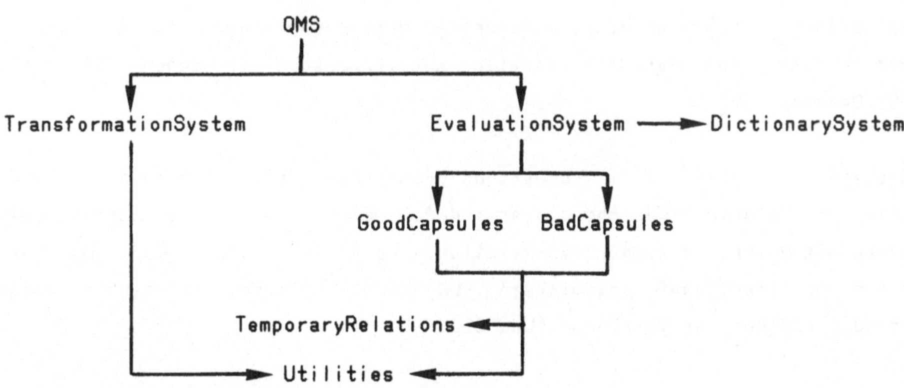

Abbildung 6.4: Grobstruktur der Laufzeitkomponente QMS.

TransformationSystem realisiert die im Rahmen der Anfrageoptimierung durchzuführenden Transformationsschritte. Gemeint sind hier die (robuste) Standardisierung und die damit zusammenhängende Laufzeitkorrektur, die Vereinfachung von Anfragen durch Berücksichtigung leerer Wertebereiche und durch Anwendung von Idempotenzregeln sowie die strukturorientierte Anfragezerlegung. An einer Integration von Prozeduren zur Disjunktheitsentscheidung, welche sowohl im Kontext der Parallelitätskontrolle als auch im Bereich der Anfrageoptimierung einsetzbar sind, wird gegenwärtig noch gearbeitet [Böttcher 85].

EvaluationSystem steuert die strukturorientierte Auswertung von Anfragen. Für jeden Teilausdruck (für jede Schachtelung) wird zunächst eine leere temporäre Relation angelegt. Anschließend erfolgt anhand der Anfragestruktur die Entscheidung, welcher Teilausdruck mit welchem Verfahren ausgewertet wird. Diesbezüglich kommen Prozeduren der Moduln GoodCapsules und BadCapsules zum Einsatz. Wahrheitswertige quantifizierte Ausdrücke (Ja/Nein Anfragen) der Form 'QUANT r IN rel (pred)' bzw. 'ALL r IN rel (pred)' werden ebenfalls strukturorientiert ausgewertet. Es wird hier geprüft, ob im Falle der existentiellen Quantifikation das äquivalente Prädikat 'SOME r IN {EACH r IN rel: pred} (TRUE)' einen nichtleeren Bereichsausdruck und im Falle der universellen Quantifikation das Prädikat 'ALL r IN {EACH r IN rel: NOT(pred)} (FALSE)' einen leeren Bereichsausdruck aufweist. Nur dann evaluiert das Prädikat zum Wahrheitswert TRUE, sonst zum Wert FALSE.

GoodCapsules ist für die Auswertung gutartiger (Teil-) Anfragen zuständig. Dieses Modul enthält Prozeduren zum Erkennen und zum Auswerten von monadischen und einstufigen Ausdrücken. Konjunktive monadische Selektionsprädikate werden vor der Auswertung in zwei Teilprädikate key(r) und nonkey(r) aufgeteilt. Das Prädikat key(r) beschreibt einen möglicherweise mehrdimensionalen Suchraum der Form (..,lowerboundi $\leq$ r.ai $\leq$ higherboundi,..), wobei alle ai Schlüsselattribute sind. Nonkey(r) enthält zum einen alle Terme mit Attributen, die nicht im Relationenschlüssel enthalten sind, und zum anderen auch Terme mit dem Vergleichsoperator '$\neq$' (Ausnahmen im Suchraum). Die explizite Unterstützung mehrdimensionaler Bereichsanfragen ist im Zusammenhang mit dem Einsatz von mehrdimensionalen Zugriffspfaden zu sehen [Klingenhof 85; Lang 85; Overbeck 85].

BadCapsules realisiert die Auswertung bösartiger (Teil-) Anfragen. Es wird ein modifizierter Palermo-Algorithmus verwendet, welcher auch die internen Zwischenergebnisse mit Hilfe von temporären Relationen verwaltet [Kroll 85]. Darüberhinaus steht ein weiteres, auf optimierten FOR EACH Schleifen beruhendes generelles Auswertungsverfahren zur Verfügung [Lau 85].

Bei der Auswertung geschachtelter Ausdrücke fallen relationenwertige Zwischenergebnisse an. Diese temporären Relationen werden ebenso wie die im Kontext der Semijoinreduktion entstehenden Wertemengen (Relationen mit nur einem Attribut) vom Modul TemporaryRelations verwaltet. Dieses Modul alloziert Zwischenergebnisse bevorzugt im Hauptspeicher. Erst wenn der Pufferbereich nicht mehr ausreicht erfolgt eine Auslagerung auf den Hintergrundspeicher.

Das Modul Utilities enthält eine Reihe von Hilfsprozeduren, die in verschiedenen Moduln des Anfragesubsystems benutzt werden. Es handelt sich hier im wesentlichen um Routinen zum Vergleich von und zum Zugriff auf Attribute und zur Manipulation von Syntaxbäumen.

Schließlich verwaltet das Modul DictionarySystem Informationen über die Schemastruktur (z.B. Namen und Typen von Relationen und deren Attribute) sowie über den aktuellen Datenbankzustand (z.B. Kardinalität von Relationen, Verfügbarkeit von Zugriffspfaden). Das Auswertungssystem benutzt diese Information im Rahmen der Zugriffsplanung, beispielsweise bei der Bestimmung der Auswertungsreihenfolge von Teilausdrücken auf der gleichen syntaktischen Stufe und bei der Auswahl der Methode zur Berechnung eines Semijoinausdrucks (z.B. Puffermethode, Indexmethode, etc.). Darüberhinaus spielt die Kardinalität von Relationen eine wichtige Rolle bei der Anfragevereinfachung. DictionarySystem enthält auch Prozeduren zum Anlegen von Relationentypen, zum Erzeugen, Löschen, Eröffnen und Schliessen von Relationen und zum Erzeugen, Eröffnen und Schliessen von Datenbanken.

7. <u>Ausblick</u>

Optimierungsstrategien heutiger Datenbanksysteme beschränken sich zumeist auf die Auswertung einzelner Anfragen. Die Auswertungskosten für eine Anfragesequenz setzen sich somit aus der Summe der mit den einzelnen Anfragen verbundenen Kosten zusammen. Andererseits beziehen sich unterschiedliche Anfragen nicht immer auf disjunkte Bereiche der Datenbank. Strategien zur <u>globalen Anfrageoptimierung</u> streben danach, gemeinsame Teilausdrücke zu erkennen und sie im Rahmen der Zugriffsplanung gewinnbringend zu nutzen.

Eine Anfrage exp ist ein gemeinsamer Teilausdruck einer Menge von Anfragen M = $\{exp_1, exp_2, .., exp_n\}$, wenn ihr Selektionsprädikat pred(exp) jedes Selektionsprädikat $pred(exp_i)$ impliziert. Der Wert von exp liegt also im Durchschnitt der Ergebnisse von M. Globale Optimierungsstrategien unterscheiden sich in dem Kontext, in welchem sie nach gemeinsamen Teilausdrücken suchen.

So analysiert [Hall 74] beispielsweise gemeinsame Teilausdrücke innerhalb einer Anfrage. Es handelt sich dabei um ein algebraorientiertes Verfahren, das identische Operatorfolgen in einem Algebraausdruck erkennt und zusammenfaßt. [Finkelstein 82] beschäftigt sich mit globaler Optimierung im Rahmen von Benutzerdialogen. Die Ergebnisse einzelner Anfragen werden hier über einen längeren Zeitraum gespeichert. Während der Analyse der aktuellen Anfrage exp wird geprüft, ob sie durch Einschränkung des bereits vorliegenden Ergebnisses einer früheren Anfrage exp' beantwortet werden kann. Dies ist genau dann der Fall, wenn die Implikation 'pred(exp) ==> pred(exp')' gilt. [Kim 81] skizziert eine Strategie zur globalen Optimierung von Anfragen innerhalb einer Transaktion. Die Auswertung eines gemeinsamen Teilausdrucks wird dazu genutzt, Zwischenergebnisse mehrerer Anfragen parallel aufzubauen. In Transaktionen mit Änderungsoperationen muß allerdings berücksichtigt werden, daß nicht jede Sequenz von Anfragen mit gemeinsamen Teilausdrücken gemeinsam ausgewertet werden kann. Dies betrifft Transaktionen, die eine oder mehrere Operationen enthalten, welche den Wert des gemeinsamen Teilausdrucks verändern.

Ein wesentliches Problem beim Erkennen gemeinsamer Teilausdrücke besteht darin, daß die Gültigkeit von 'pred(exp) ==> pred(exp')' nicht für beliebige Prädikate erster Ordnung entscheidbar ist [Kleene 71]. Die entscheidbaren Fälle selbst sind bis auf spezielle Klassen [Rosenkrantz und Hunt 80] äußerst kostenintensiv. Aus diesem Grunde basieren die meisten Algorithmen zur Analyse gemeinsamer Teilausdrücke auf heuristischen Methoden, die entweder nicht jede Implikationsbeziehung erkennen oder von vorne herein nur eine eingeschränkte Klasse von Ausdrücken in die Analyse mit einbeziehen. So behandelt [Finkelstein 82] ausschließlich konjunktive Anfragen ohne

ALL-Quantoren. [Kim 81] berücksichtigt lediglich gemeinsame Teilausdrücke mit einer Variablen.

Die Strategie der strukturorientierten Anfragezerlegung könnte im Rahmen einer globalen Optimierung die folgenden Beiträge leisten: Durch Isolieren gutartiger Komponenten (Teilausdrücke mit "monadischen" Auswahlbedingungen) entsteht ein günstiger Ausgangspunkt für die Suche nach und die Nutzung von gemeinsamen Teilausdrücken. So könnten etwa alle gutartigen Komponenten mit identischem Wertebereich in der freien Variablen parallel ausgewertet werden (einmaliges Lesen der Bereichsrelation der freien Variablen). Darüberhinaus ist es auch denkbar, die Auswertung gutartiger Komponenten, die in mehreren Ausdrücken enthalten sind, durch dynamisches Anlegen geeigneter Zugriffspfade zu unterstützen. [Jarke 84] skizziert erste Ansätze in dieser Richtung.

Globale Optimierung im Kontext von Mehrbenutzerumgebungen ist noch ein weitgehend unerforschter Bereich. Insbesondere die Abstimmung zwischen Strategien zur Transaktionsabwicklung und denen zur Anfrageoptimierung ist hier von zentraler Bedeutung. So muß beispielsweise verhindert werden, daß umfangreiche Optimierungsbemühungen, die sich wie im Falle dynamisch angelegter Zugriffspfade erst mittel- oder langfristig auszahlen, durch Zurücksetzen von Transaktionen aufgrund (zu) optimistischer Schedulingstrategien ad absurdum geführt werden. Zukünftige Forschungsanstrengungen werden sich deshalb auf das Zusammenspiel von Strategien zur Anfrageoptimierung mit entsprechenden Verfahren zur Parallelitätskontrolle und damit auf eine globale Transaktionsoptimierung konzentrieren.

Literaturverzeichnis

Aho et al. 79a:
  Aho, A.V., Sagiv, Y., Ullman, J.D. "Equivalences among Relational Expressions",
  SIAM J. Comptg. 8, 2 (Mai 1979), pp. 218-246.

Aho et al. 79b:
  Aho, A.V., Sagiv, Y., Ullman, J.D. "Efficient Optimization of a Class of
  Relational Expressions", ACM Trans. Database Syst. 4, 4 (Dez. 1979),
  pp. 435-454.

Aho und Ullman 77:
  Aho, A.V., Ullman, J.D. "Principles of Compiler Design", Addison-Wesley, 1977.

Allman et al. 76:
  Allman, E., Stonebraker, M., Held, G. "Embedding a Relational Sublanguage in a
  General Purpose Programming Language", Proc. Conf. on Data Abstraction,
  Definition and Structure, FDT 8-2, März 1976.

Amble et al. 79:
  Amble, T., Bratbergsengen, K., Risnes, O. "ASTRAL: A Structured and Unified
  Approach to Data Base Design and Manipulation", Proc. IFIP TC-2 Working Conf. on
  Data Base Architecture, Juni 1979.

ANSI 75:
  ANSI/X3/SPARC Study Group on Data Base Management Systems, "Interim report FDT",
  Bulletin of ACM SIGMOD 7, 2 (1975).

Astrahan et al. 76:
  Astrahan, M.M., Blasgen, M.W., Chamberlin, D.D., Eswaran, K.P., Gray, J.N.,
  Griffith, P.P., King, W.F., Lorie, R.A., McJones, P.R., Mehl, J.W., Potzolu, G.R.,
  Traiger, I.L., Wade, B.W., Watson, V. "System R: A Relational Approach to Data
  Base Management", ACM Trans. Database Syst. 1, 2 (Juni 1976), pp. 97-137.

Astrahan und Chamberlin 75:
  Astrahan, M.M., Chamberlin, D.D. "Implementation of a Structured English Query
  Language", CACM 18, 10 (Okt. 1975), pp. 580-588.

Babb 79:
  Babb, E. "Implementing a Relational Database System by Means of Specialized
  Hardware", ACM Trans. Database Syst. 4, 1 (März 1979), pp. 1-29.

Bayer et al. 84:
  Bayer, R., Elhardt, K., Kießling, W., Killar, D. "Verteilte Datenbanksysteme –
  Eine Übersicht über den heutigen Entwicklungsstand", Informatik Spektrum 7,
  1 (Februar 1984), pp. 1-19.

Bayer und McCreight 72:
  Bayer, R., McCreight, E. "Organization and Maintenance of Large Ordered Indexes",
  Acta Informatica 1 (1972), pp. 173-189.

Bentley und Friedman 79:
  Bentley, J.L., Friedman, J.H. "Data Structures for Range Searching", Computing
  Surveys 11, 4 (Dez. 1979), pp. 397-412.

Bernstein et al. 81:
  Bernstein, P.A., Goodman, N., Wong, E., Reeve, C.L., Rothnie, J.R. "Query
  Processing in a System for Distributed Databases (SDD-1)", ACM Trans. Database
  Syst. 6, 4 (Dez. 1981), pp. 602-625.

Bernstein und Blaustein 82:
   Bernstein, P.A., Blaustein, B.T. "Fast Methods for Testing Quantified Relational
   Calculus Assertions", Proc. ACM-SIGMOD Conf., Orlando, Juni 1982, pp. 39-50.

Bernstein und Chiu 81:
   Bernstein, P.A., Chiu, D.M. "Using Semi-Joins to Solve Relational Queries", J.ACM
   28, 1 (Jan. 1981), pp. 25-40.

Bernstein und Goodman 79a:
   Bernstein, P.A., Goodman, N. "Inequality Semi-Joins", Technical Report CCA-79-28,
   Cambridge, 1979.

Bernstein und Goodman 79b:
   Bernstein, P.A., Goodman, N. "The Theory of Semi-Joins", Technical Report
   CCA-79-27, Cambridge, 1979.

Bernstein und Goodman 81a:
   Bernstein, P.A., Goodman, N. "The Power of Inequality Semijoins", Inform.
   Systems 6, 4 (Mai 1981), pp. 255-265.

Bernstein und Goodman 81b:
   Bernstein, P.A., Goodman, N. "The Power of Natural Semijoins", SIAM J.   of
   Comptg. 10, 4 (Nov. 1981), pp. 751-771.

Bitton et al. 83:
   Bitton, D., Boral, H., DeWitt, D.J., Wilkinson, W.K. "Parallel Algorithms for the
   Execution of Relational Database Operations", ACM Trans. Database Syst. 8,
   3 (Sept. 1983), pp. 324-353.

Blasgen und Eswaran 76:
   Blasgen, M.W., Eswaran, K.P. "On the Evaluation of Queries in a Relational Data
   Base System", IBM Research Report RJ 1745, April 1976.

Blasgen und Eswaran 77:
   Blasgen, M.W., Eswaran, K.P. "Storage and Access in Relational Databases", IBM
   Syst. J. 16 (1977), pp. 363-377.

Böttcher 85:
   Böttcher, S.   "Ein Testverfahren für Datenbankprädikate", Diplomarbeit,
   Fachbereich Informatik, Universität Hamburg, Februar 1985.

Boyce et al. 75:
   Boyce, R.F., Chamberlin, D.D., King, W.F., Hammer, M.M.   "Specifying Queries as
   Relational Expressions: The SQUARE Data Sublanguage", CACM 18, 11 (Nov. 1975),
   pp. 621-628.

Bräggger 82:
   Brägger, R.P. "Prädikative, optimistische Methoden zur Parallelitätskontrolle in
   Datenbanksystemen", ETH Zürich, Institut für Informatik, Diplomarbeit, Sept. 1982.

Buneman et al. 82:
   Buneman, P., Frankel, R.E., Nikhil, R. "An Implementation Technique for Database
   Query Languages", ACM Trans. Database Syst. 7, 2 (Juni 1982), pp. 164-186.

Chamberlin et al. 79:
   Chamberlin, D.D., Astrahan, M.M., Lorie, R.A., Mehl, J.W.,   Price,   T.G.,
   Schkolnick, M., Selinger, P.G., Slutz, D.R., Wade, B.W., Yost, R.A. "Support for
   Repetitive Transactions and ad-hoc Queries in System R", IBM Research Report
   RJ2551, Mai 1979.

Chandra und Merlin 77:
  Chandra, A.K., Merlin, P.M. "Optimal Implementation of Conjunctive Queries in Relational Data Bases", Proc. 9th Annual ACM Symp. on Theory of Computation, Boulder, Colorado, 1977.

Chang 82:
  Chang, J.-M. "A Heuristic Aproach to Distributed Query Processing", Proc. 8th VLDB Conf., Mexico City 1982, pp. 54-61.

Chiu et al. 81:
  Chiu, D.M., Bernstein, P.A., Ho, Y.C. "Optimizing Chain Queries in a Distributed Database System", Technical Report TR-01-81, Harvard University, 1981.

Chiu und Ho 80:
  Chiu, D.M., Ho, Y.C. "A Methodology for Interpreting Tree Queries Into Optimal Semi-Join Expressions", Proc. ACM-SIGMOD Conf., Santa Monica, 1980, pp. 169-178.

Christodoulakis 81:
  Christodoulakis, S. "Estimating Selectivities in Data Bases", Technical Report CSRG-136, Univ. of Toronto, 1981.

Christodoulakis 83:
  Christodoulakis, S. "Estimating Block Transfers and Join Sizes", Proc. ACM-SIGMOD Conf., San Jose, Mai 1983, pp. 40-54.

Christodoulakis 84:
  Christodoulakis, S. "Implications of Certain Assumptions in Database Performance Evaluation", ACM Trans. Database Syst. 9, 2 (Juni 1984), pp. 163-186.

Chu und Hurley 82:
  Chu, W.W., Hurley, P. "Optimal Query Processing for Distributed Database Systems", IEEE Transactions on Computers Vol. C-31, 9 (Sept. 1982), pp. 835-850.

Clausen 80:
  Clausen, S.E. "Optimizing the Evaluation of Calculus Expressions in a Relational Database System", Inform. Systems 5, 1980, pp. 41-54.

Codd 70:
  Codd, E.F. "A Relational Model of Data for Large Shared Data Banks", CACM 6, (Juni 1970), pp. 377-387.

Codd 72:
  Codd, E,F. "Relational Completeness of Data Base Sublanguages", in Courant Computer Science Symposia, No. 6, Data Base Systems (New York City, Mai 1972), Prentice Hall.

Codd 82:
  Codd, E.F. "Relational Database: A Practical Foundation for Productivity", CACM 25, 2 (Feb. 1982), pp. 109-117.

Comer 79:
  Comer, D. "The Ubiquitous B-Tree", Computing Surveys 11, 2 (Juni 1979), pp. 121-137.

Date 81:
  Date, C.J. "Referential Integrity", Proc. VLDB Conf., Cannes, Sept. 1982, pp. 2-12.

Date 82:
  Date, C.J. "An Introduction to Database Systems", 3. Auflage, Addison-Wesley, 1982.

Dayal 83:
  Dayal, U. "Evaluating Queries with Quantifiers: A Horticultural Approach", Proc.
  Symposium on Principles of Database Systems, Atlanta, März 1983.

DEC 81:
  Digital Equipment Corporation "VAX Architecture Handbook", Maynard, Massachusetts,
  1981.

Demolombe 80:
  Demolombe,, R. "Estimation of the Number of Tuples Satisfying a Query Expressed
  in Predicate Calculus Language", Proc. 6th VLDB Conf., Montreal, 1980, pp. 55-63.

Edelmann 84:
  Edelmann, J.   "Die Datenbankprogrammiersprache DBPL: Eine Beschreibung
  ausgewählter Sprachkonstrukte und deren Implementation", Diplomarbeit, Fachbereich
  Informatik, Universität Hamburg, Oktober 1984.

Fagin et al. 79:
  Fagin, R., Nievergelt, J., Pippenger, N., Strong, H.R.   "Extendible Hashing -
  A Fast Access Method for Dynamic Files", ACM Trans. Database Syst., 4, 3 (Sept.
  1979), pp. 315-344.

Finkelstein 82:
  Finkelstein, S. "Common Expression Analysis in Database Applications", Proc.
  ACM-SIGMOD Conf., Orlando, 1982, pp. 235-245.

Gavish und Segev 82:
  Gavish, B., Segev, A. "Query Optimization in Distributed Computer Systems", in J.
  Akoka (ed.), Management of Distributed Data Processing, North-Holland 1982,
  pp. 233-252.

Geismann 82:
  Geismann, L. "Implementation of Separate Compilation in the Modula-2 Compiler",
  in   Langmaack/Schlender/Schmidt   (Hrsg.)   Implementierung   PASCAL-artiger
  Programmiersprachen", Teubner, 1982, pp. 15-27.

Gelenbe und Gardy 82:
  Gelenbe, E., Gardy, D.   "The Size of Projections of Relations Satisfying a
  Functional Dependency", Proc. 8th VLDB Conf., Mexico City 1982, pp. 325-333.

Goodman und Shmueli 81:
  Goodman, N., Shmueli, O.   "Nonreducible Database States for Cyclic Queries",
  Techn. Report, TR-15-80, Harvard Univ., Juli 1980.

Goodman und Shmueli 82a:
  Goodman, N., Shmueli, O. "The Tree Property is Fundamental for Query Processing",
  Proc. ACM Symp. on Principles of Database Systems, Los Angeles, 1982, pp. 40-48.

Goodman und Shmueli 82b:
  Goodman, N., Shmueli, O. "Transforming Cyclic Schemas into Trees", Proc. ACM
  Symp. on Principles of Database Systems, Los Angeles, 1982, pp. 49-54.

Goodman und Shmueli 82c:
  Goodman, N., Shmueli, O. "Tree Queries: A Simple Class of Relational Queries",
  ACM Trans. Database Systems 7, 4 (Dez. 1982), pp. 653-677.

Gotlieb 75:
  Gotlieb, L.R. "Computing Joins of Relations", Proc. ACM-SIGMOD Conf., San Jose,
  1975.

Gouda und Dayal 81:
   Gouda, M.G., Dayal, U.D. "Optimal Semijoin Schedules for Query Processing in
   Local Distributed Database Systems", in Proc. ACM-SIGMOD Conf., April 1981,
   pp. 164-175.

Gray 78:
   Gray, J.N. "Notes on Data Base Operating Systems", Proc. Advanced Course on
   Operating Systems", München, Lecture Notes in Computer Science 60, Springer, 1978.

Härder 79:
   Härder, T. "Die Einbettung eines Datenbanksystems in eine Betriebs-
   systemumgebung", Tagungsband Datenbanktechnologie, Bad Nauheim, Teubner Verlag,
   Sept. 1979, pp. 9-23.

Hall 74:
   Hall, P.A.V. "Common Subexpression Identification in General Algebraic Systems",
   Techn. Rep. UKSC 0060, IBM UKSC, Peterlee, 1974.

Hall 76:
   Hall, P.A.V. "Optimization of Single Expressions in a Relational Data Base
   System", IBM J.Res. Develop. 20(3), 1976, pp. 244-257.

Hevner und Yao 79:
   Hevner, A.R., Yao, S.B. "Query Processing on a Distributed Database", IEEE Trans.
   Softw. Eng. SE-5, 3 (Mai 1979), pp. 177-187.

Ibaraki und Kameda 84:
   Ibaraki, T., Kameda, T. "On the Optimal Nesting Order for Computing N-Relational
   Joins", ACM Trans. Database Syst. 9, 3 (Sept. 1984), pp. 483-502.

Jarke 84:
   Jarke, M. "Common Subexpression Isolation in Multiple Query Processing", in Kim,
   Reiner, Batory (Hrsg.) "Query Processing in Database Systems", Springer Verlag
   1984.

Jarke et al. 84:
   Jarke, M., Koch, J., Schmidt, J.W. "Introduction to Query Processing", in Kim,
   Reiner, Batory (Hrsg.) "Query Processing in Database Systems", Springer Verlag
   1984.

Jarke und Koch 83:
   Jarke, M., Koch, J. "Range Nesting: A Fast Method to Evaluate Quantified
   Queries", Proc. ACM-SIGMOD Conf., San Jose, Mai 1983, pp. 196-206.

Jarke und Koch 84:
   Jarke, M., Koch, J. "Query Optimization in Database Systems", Computing Surveys
   16, 2 (Juni 1984).

Jarke und Schmidt 81:
   Jarke, M., Schmidt, J.W. "Evaluation of First-Order Relational Expressions",
   Bericht Nr. 78, Universitaet Hamburg, Fachbereich Informatik, Juni 1981.

Jarke und Schmidt 82:
   Jarke, M., Schmidt, J.W. "Query Processing Strategies in the PASCAL/R Relational
   Database Management System", Proc. ACM-SIGMOD Conf., Orlando, Juni 1982,
   pp. 256-264.

Kambayashi et al. 82:
   Kambayashi, Y., Yoshikawa, M., Yajima, S. "Query Processing for Distributed
   Databases Using Generalized Semi-Joins", Proc. ACM-SIGMOD Conf., Orlando, 1982,
   pp. 151-160.

Kambayashi und Yoshikawa 83:
  Kambayashi, Y., Yoshikawa, M. "Query Processing Utilizing Dependencies and Horizontal Decomposition", Proc. ACM-SIGMOD Conf., San Jose, Mai 1983, pp. 55-67.

Kerschberg et al. 82:
  Kerschberg, L., Ting, P.D., Yao, S.B. "Query Optimization in Star Computer Networks", ACM Transactions on Database Systems 7, 4 (Dez. 1982), pp. 678-711.

Kim 80:
  Kim, W. "A New Way to Compute the Product and Join of Relations", Proc. ACM-SIGMOD Conf., Santa Monica, 1980, pp. 179-187.

Kim 81:
  Kim, W. "Query Optimization for Relational Database Systems", IBM Research Report RJ3081, März 1981.

King 79:
  King, J.J. "Exploring the Use of Domain Knowledge for Query Processing Efficiency", Stanford Univ. Tech. Rep. STAN-CS-79-781, Dez. 1979.

Kleene 71:
  Kleene, S.C. "Introduction to Metamathematics", Wolters-Noordhaff, Groningen, 1971.

Klingenhof 85:
  Klingenhof, G. "Der KDB-Baum, Implementation einer dynamischen mehrdimensionalen Zugriffsmethode", Diplomarbeit, Fachbereich Informatik, Universität Hamburg, 1985.

Klug 82a:
  Klug, A. "Access Paths in the 'ABE' Statistical Query Facility", Proc. ACM-SIGMOD Conf., Orlando, 1982, pp. 161-173.

Klug 82b:
  Klug, A. "Equivalence of Relational Algebra and Relational Calculus Query Languages Having Aggregate Functions", J. ACM 29, 3 (Juli 1982), pp. 699-717.

Knuth 73:
  Knuth, D.E. "The Art of Computer Programming", Band 3, "Sorting and Searching", Addison-Wesley Verlag, 1973.

Koch 79:
  Koch, J. "Über die Formulierung und Integration von Prädikaten und Relationen in Pascal/R", Diplomarbeit, Univ. Hamburg, Fachbereich Informatik, Aug. 1979.

Koch et al. 81:
  Koch, J., Schmidt, J.W., Wunderlich, V. "Type Derivation for First-Order Relational Expressions", Bericht Nr. 79, Universität Hamburg, Fachbereich Informatik, Juni 1981.

Koch et al. 82:
  Koch, J., Mall, M, Putfarken, P. "Modula-2 für die VAX: Beschreibung einer Systemübertragung", in Langmaack, Schlender, Schmidt (Hrsg.) "Implementierung PASCAL-artiger Programmiersprachen", Teubner Verlag, 1982, pp. 47-66.

Kriegel 84:
  Kriegel, H.-P. "Performance Comparison of Index Structures for Multikey Retrieval", Proc. ACM-SIGMOD Conf., Boston, Juni 1984, pp. 186-196.

Kroll 85:
  Kroll, P. "Entwurf und Realisisierung eines algebraorientierten Algorithmus zur Anfrageauswertung", Diplomarbeit, Fachbereich Informatik, Universität Hamburg, 1985.

Kung und Robinson 81:
  Kung, H.T., Robinson, J.T. "On Optimistic Methods for Concurrency Control", ACM
  Trans. Database Syst. 6, 2 (Juni 1981), pp. 1-11.

Lacroix und Pirotte 80:
  Lacroix, M., Pirotte, A. "User Interfaces for Database Application Programming",
  MBLE Research Rep. R442, Brüssel, Aug. 1980.

Lamersdorf und Schmidt 83:
  Lamersdorf, W., Schmidt, J.W.   "Rekursive Datenmodelle", in Schmidt (Hrsg.)
  "Sprachen für Datenbanken", Informatik Fachberichte Nr. 72, Okt. 1983,
  pp. 148-168.

Lang 85:
  Lang, H. "Mehrdimensionale addressorientierte Zugriffsmethoden in relationalen
  Datenbanksystemen", Diplomarbeit, Fachbereich Informatik, Universität Hamburg,
  1985.

Lau 85:
  Lau, J.U. "Entwurf und Realisierung eines kalkülorientierten Algorithmus' zur
  Anfrageauswertung", Diplomarbeit, Fachbereich Informatik, Universität Hamburg,
  1985.

Mall et al. 84:
  Mall, M., Reimer, M., Schmidt, J.W. "Data Selection, Sharing and Access Control
  in a Relational Scenario", in "Perspectives on Conceptual Modelling", Springer
  Verlag, 1984, pp. 411-436.

Marburger und Nebel 83:
  Marburger, H., Nebel, B.   "Natürlichsprachlicher Datenbankzugang mit HAM-ANS:
  Syntaktische Korrespondenz, natürlichsprachliche Quantifizierung und semantisches
  Modell des Diskursbereichs", in Schmidt (Hrsg.) "Sprachen für Datenbanken",
  Informatik Fachberichte Nr. 72, Okt. 1983, pp. 26-41.

Menon und Hsiao 81:
  Menon, M.J., Hsiao, D.K. "Design and Analysis of a Relational Join Operation for
  VLSI", Proc. 7th VLDB Conf., Cannes, Sept. 1981, pp. 44-55.

Merrett et al. 81:
  Merrett, T.H., Kambayashi, Y., Yasuura, H. "Scheduling of Page-Fetches in Join
  Operations", Proc. 7th VLDB Conf., Cannes, 1981, pp. 488-498.

Meyer 78:
  Meyer, D.   "Entwurf und Implementierung von PASCAL-Erweiterungen für die
  Behandlung relationaler Datenbanken", Diplomarbeit, Fachbereich Informatik,
  Universität Hamburg, 1978.

Ng 82:
  NG, P. "Distributed Compilation and Recompilation of Distributed Queries", IBM
  Res. Rep. RJ3375, San Jose, Jan. 1982.

Nievergelt et al. 84:
  Nievergelt, J., Hinterberger, H., Sevcik, K.C. "The Grid File: An Adaptable,
  Symmetric Multikey File Structure", ACM Trans. Database Syst. 9, 1 (März 1984),
  pp. 39-71.

Ott und Horländer 82:
  Ott, N., Horländer, K.   "Removing Redundant Operations in Queries Involving
  Views", IBM Wiss. Zentrum Heidelberg, TR-82.03.003, März 1982.

Overbeck 85:
  Overbeck, M. "Bewertung von Zugriffsmethoden für Datenbanken", Diplomarbeit,
  Fachbereich Informatik, Universität Hamburg, 1985.

Ozkarahan et al. 77:
   Ozkarahan, E.A., Schuster, S.A., Sevcik, K.C. "Performance Evaluation of a
   Relational Associative Processor", ACM Trans. Database Syst. 2, 2 (Juni 1977),
   pp. 175-196.

Ozsoyoglu und Ozsoyoglu 83:
   Ozsoyoglu, M.Z., Ozsoyoglu, G. "An Extension to Relational Algebra for Summary
   Tables", Proc. 2nd Statistical Database Workshop, Berkeley, 1983.

Ozsoyoglu und Yu 80:
   Ozsoyoglu, M., Yu, C.T. "On Identifying a Class of Database Queries that Can be
   Processed Efficiently", Proc. IEEE COMPSAC Conf., Okt. 1980, pp. 453-461.

Palermo 72:
   Palermo, F.P. "A Data Base Search Problem", Proc 4th. Comp. and Inform. Sc.
   Symp., Miami Beach, 1972, pp. 67-101.

Reimer 83:
   Reimer, M. "Solving the Phantom Problem by Predicative Optimistic Concurrency
   Control", Proc. 9th VLDB Conf., Florenz, Okt. 1983, pp. 81-88.

Richard 81:
   Richard, P. "Evaluation of the Size of a Query Expressed in Relational Algebra",
   Proc. ACM-SIGMOD Conf., Ann Arbor, Michigan, Mai 1981, pp. 155-163.

Robinson 81:
   Robinson, J.T. "The k-d-b tree: A Search Structure for Large Multidimensional
   Indexes", Proc. ACM-SIGMOD Conf., Ann Arbor, Michigan, Mai 1981, pp. 10-18.

Rosenkrantz und Hunt 80:
   Rosenkrantz, D.J., Hunt, M.B. "Processing Conjunctive Predicates and Queries",
   Proc. 6th VLDB, Montreal, 1980, pp. 64-74.

Rosenthal und Reiner 82a:
   Rosenthal, A., Reiner, D. "An Architecture for Query Optimization", Proc.
   ACM-SIGMOD Conf., Orlando, 1982, pp. 246-255.

Rosenthal und Reiner 82b:
   Rosenthal, A., Reiner, D. "Querying Relational Views of Networks", Proc. IEEE
   COMPSAC Conf. 1982.

Rothnie 75:
   Rothnie, J.B. "Evaluating Inter-Entry Retrieval Expressions in a Relational Data
   Base Management System", Proc. National Computer Conf., 1975, pp. 417-423.

Rowe und Schoens 79:
   Rowe, L.A., Schoens, K.A. "Data Abstraction, Views and Updates in RIGEL", Proc.
   ACM-SIGMOD Conf., Boston, Mai 1979, pp. 71-81.

Schmidt 38:
   Schmidt, A. "Über deduktive Theorien mit mehreren Sorten von Grunddingen",
   Mathematische Annalen 115 (1938), pp. 485-506.

Schmidt 77:
   Schmidt, J.W. "Some High Level Language Constructs for Data of Type Relation",
   ACM Trans. Database Syst. 2, 3 (Sept. 1977), pp. 247-261.

Schmidt 84:
   Schmidt, J.W. "Database Programming: Language Constructs and Execution Models",
   in Ammann (Hrsg.) "Programmiersprachen und Programmentwicklung", Informatik
   Fachberichte Nr. 77, Springer Verlag, März 1984, pp. 1-25.

Schmidt et al. 82:
    Schmidt, J.W., Mall, M., Koch, J., Jarke, M.   "Database Programming Languages",
    Proc. Database Interface Workshop, Philadelphia, Okt. 1982.

Schmidt et al. 83:
    Schmidt, J.W., Reimer, M., Mall, M., Koch, J.   "DBPL Report", Arbeitspapier,
    Dez. 1983.

Schmidt und Brodie 83:
    Schmidt, J.W., Brodie, M.L.   "Relational Database Systems - Analysis and
    Comparison", Springer Verlag, 1983.

Schmidt und Mall 80:
    Schmidt, J.W., Mall, M.   "Pascal/R Report",   Univ.   Hamburg,   Fachbereich
    Informatik, Bericht Nr. 66, Jan. 1980.

Selinger et al. 79:
    Selinger, P.G., Astrahan, M.M., Chamberlin, D.D., Lorie, P.A., Price, T.G.
    "Access Path Selection in a Relational Database Management System", Proc.
    ACM-SIGMOD Conf., Boston, 1979, pp. 23-34.

Shopiro 79:
    Shopiro, J.E.   "THESEUS: A Programming Language for Relational Databases",
    ACM Trans. Database Syst. 4, 4 (Dez. 1979), pp. 493-517.

Shoshani 82:
    Shoshani, A.   "Statistical Databases: Characteristics, Problems, and Some
    Solutions", Proc. 8th VLDB Conf., Mexico City, 1982, pp. 208-222.

Smith et al. 81:
    Smith, J.M., Bernstein, P.A., Dayal, U., Goodman, N., Landers, T., Lin, K.W.T.,
    Wong, E.   "MULTIBASE - Integrating Heterogeneous Distributed Database Systems",
    Proc. AFIPS NCC, 1981, pp. 487-499.

Smith und Chang 75:
    Smith, J.M., Chang, P.Y.T.   "Optimizing the Performance of a Relational Algebra
    Database Interface", Comm. ACM 18, 10 (Okt. 1975), pp. 568-579.

Stonebraker 75:
    Stonebraker, M.   "Implementation of Integrity Constraints and Views by Query
    Modification", Proc. ACM-SIGMOD Conf., 1975, pp. 65-77.

Stonebraker 81:
    Stonebraker, M.   "Operating System Support for Database Management", CACM 4,
    7 (Juli 1981), pp. 412-418.

Stonebraker et al. 76:
    Stonebraker, M., Wong, E., Kreps, P. Held, G.   "The Design and Implementation of
    INGRES", ACM Trans. Database Syst. 1, 3 (Sept. 1976), pp. 189-222.

Stonebraker und Wong 74:
    Stonebraker, M., Wong, E.   "Access Control in a Relational Data Base Management
    System by Query Modification", Proc. ACM Nat. Conf., 1974.

Stroet und Engmann 79:
    Stroet, J.W.M., Engmann, R.   "Manipulation of Expressions in a Relational
    Algebra", Inform. Systems 4, 1979, pp. 195-203.

Su und Emam 78:
    Su, S., Emam, A.   "Dasdal: CASSM's Data Language", ACM Trans. Database Syst. 3,
    1 (März 1978), pp. 57-91.

Taylor und Frank 76:
   Taylor, R.W., Frank, R.L.   "CODASYL Data-Base Management Systems", Computing
   Surveys 8, 1 (März 1976).

Tsichritzis und Lochovsky 76:
   Tsichritzis, D.C., Lochovsky, F.H.   "Hierarchical Data-Base Management Systems",
   Computing Surveys 8, 1 (März 1976).

Ullmann 82:
   Ullman, J.D., Principles of Database Systems, 2. Auflage, Computer Science Press
   1982.

Valduriez und Gardarin 84:
   Valduriez, P., Gardarin, G. "Join and Semi-Join Algorithms for a Multiprocessor
   Database Machine", ACM Trans. Database Syst. 9, 1 (März 1984), pp. 133-161.

Vassiliou und Jarke 84:
   Vassiliou, Y., Jarke, M. "Query Languages - A Taxonomy", in Vassiliou (Ed.)
   "Human Factors and Interactive Computer Systems", Vol. 4, Ablex Publishing Corp.,
   1984.

Wasserman 79:
   Wasserman, A.I. "The Data Management Facilities of PLAIN", Proc.   ACM-SIGMOD
   Conf., Boston, Mai 1979, pp. 60-70.

Wiederhold 83:
   Wiederhold, G. "Database Design", 2. Auflage, McGraw Hill, 1983.

Willard 84:
   Willard, D.E. "Efficient Processing of Relational Calculus Expressions Using
   Range Nesting Theory", Proc. ACM-SIGMOD Conf., Boston, Juni 1984, pp. 164-175.

Williams et al. 82:
   Williams, R., Daniels, D., Haas, L., Lapis, G., Lindsay, B., Ng, P., Obermarck,
   R., Selinger, P., Walker, A., Wilms, P., Yost, R. "R*: An Overview of the
   Architecture", in Proc. International Conference on Database Systems, Jerusalem,
   1982.

Wirth 71:
   Wirth, N.   "The Programming Language PASCAL", ACTA Informatica, 1 (1971),
   pp. 35-63.

Wirth 77:
   Wirth, N. "Modula: A Language for Modular Multiprogramming", Software - Practice
   and Experience, 7 (1977), pp. 3-35.

Wirth 80:
   Wirth, N. "Modula-2", ETH Zürich, Institut für Informatik, Report Nr.   36, März
   1980.

Wirth 82:
   Wirth, N. "Programming in Modula-2", Springer, 1982.

Wong 77:
   Wong, E. "Retrieving Dispersed Data from SDD-1: A System for Distributed
   Databases", Proc.   2nd Berkeley Workshop on Distributed Data Management and
   Computer Networks, May 1977, pp. 217-235.

Wong und Youssefi 76:
   Wong, E., Youssefi, K. "Decomposition - A Strategy for Query Processing", ACM
   Trans. Database Syst. 1, 3 (Sept. 1976), pp. 223-241.

Yao 79:
   Yao, S.B. "Optimization of Query Evaluation Algorithms", ACM Trans. Database
   Syst. 4, 2 (Juni 1979), pp. 133-155.

Yao und DeJong 78:
   Yao, S.B., DeJong, D. "Evaluation of Database Access Paths", Proc. ACM-SIGMOD
   Conf., Austin, 1978, pp. 66-77.

Youssefi und Wong 79:
   Youssefi, K., Wong, E. "Query Processing in a Relational Database Management
   System", Proc. 5th VLDB Conf., Rio de Janeiro, 1979, pp. 409-417.

Yu und Chang 83:
   Yu, C.T., Chang, C.C. "On the Design of a Query Processing Strategy in a
   Distributed Database Environment", Proc. ACM-SIGMOD Conf., San Jose, Mai 1983,
   pp. 30-39.

Yu und Ozsoyoglu 79:
   Yu, C.T., Ozsoyoglu, M. "An Algorithm for Tree Query Membership of a Distributed
   Query", Proc. IEEE 3rd Int. COMPSAC Conf., Nov. 1979, pp. 306-312.

Yu und Ozsoyoglu 80:
   Yu, C.T., Ozsoyoglu, M. "On Determining Tree Query Membership of a Distributed
   Query",Tech. Rap. TR-80-1, Univ. of Alberta, Alberta 1980.

<u>Anhang</u> (Definition der Beispieldatenbank)

DATABASE DEFINITION MODULE university;

```
(*--------------------------------------
!                                      !
!      Database Structure:             !
!                                      !
!      ----------        --------      !
!      !projects!        !papers!      !
!      ----------        --------      !
!           *               *          !
!            *               *         !
!             *               *        !
!          -------------               !
!          !professors!                !
!          -------------               !
!            *      *                  !
!           *        *                 !
!          *          *                !
!      ----------     -------------    !
!      !lectures! * * !departments!    !
!      ----------     -------------    !
!                                      !
--------------------------------------*)
```

EXPORT QUALIFIED

        (* Domain Types *)

        ProfNumber, ProfName, Status, City, Title, Year, ProjType,
        Budget, Room, Day, Daytime, DeptType,

        (* Relation Element Types *)

        ProfRecType, PapRecType, ProjRecType, LectRecType, DeptRecType,

        (* Relation Types *)

        ProfRelType, PapRelType, ProjRelType, LectRelType, DeptRelType,

        (* Relation Variables *)

        professors, papers, projects, lectures, departments;

        (* Transactions *)

        Hire, Fire, Promote;

TYPE

   ProfNumber = [1000 .. 9999];
   ProfName   = ARRAY [0 .. 19] OF CHAR;
   Status   = (assistant, associate, tenure, full, guest);
   Office   = [1 .. 99];
   City   = ARRAY [0 .. 14] OF CHAR;

```
Title      = ARRAY [0 .. 19] OF CHAR;
Abstract   = ARRAY [0 .. 39] OF CHAR;
Year       = CARDINAL;

ProjType   = (application, development, research);
Budget     = CARDINAL;

Subject    = (artificial_intelligence, biomedicine,
                compiler_construction, databases, ..);
LectName   = ARRAY [0 .. 29] OF CHAR;
Room       = [100 .. 999];
Day        = (monday, tuesday, wednesday, thursday, friday);
Daytime    = [0 .. 23];

DeptNumber = [10 .. 99];
DeptType   = (biology, computer_science, economics, engineering,
                languages, mathematics, medicine, music, philosophy,
                physics, social_sciences, sports);


ProfRecType = RECORD
                pnr:      ProfNumber;
                pname:    ProfName;
                status:   Status;
                office:   Office;
                city:     City;
              END;

ProfRelType = RELATION pnr OF ProfRecType;


PapRecType  = RECORD
                pnr:      ProfNumber;
                title:    Title;
                abstract: Abstract;
                year:     CARDINAL;
              END;

PapRelType  = RELATION pnr,title OF PapRecType;


ProjRecType = RECORD
                pnr:      ProfNumber;
                ptype:    ProjType;
                budget:   Budget;
              END;

ProjRelType = RELATION pnr,ptype OF ProjRecType;


LectRecType = RECORD
                dnr:      DeptNumber;
                pnr:      ProfNumber;
                subject:  Subject;
                lname:    LectName;
                room:     Room;
                day:      Day;
                daytime:  Daytime;
              END;

LectRelType = RELATION dnr,pnr OF LectRecType;
```

```
DeptRecType = RECORD
                dnr:      DeptNumber;
                dtype:    DeptType;
                city:     City;
              END;

DeptRelType = RELATION dnr OF DeptRecType;


VAR

  professors:  ProfRelType;
  papers:      PapRelType;
  projects:    ProjRelType;
  lectures:    LectRelType;
  departments: DeptRelType;


PROCEDURE Hire (pnr: ProfNumber);

PROCEDURE Fire (pnr: ProfNumber);

PROCEDURE Promote (pnr: ProfNumber);


END university.
```